www.ingramcontent.com/pod-product-compliance
Lightning Source LLC
LaVergne TN
LVHW051124051026
849532LV00004BB/1666
9789358728958

اصلاحِ معاشرہ:
وقت کی ضرورت

(مضامین)

مفتی تنظیم عالم قاسمی

Islaah-e-Moashira : Waqt ki Zaroorat (Essays)
by: Mufti Tanzim Aalim Qasmi
Edition: April '2024
Publisher :
Taemeer Publications LLC (Michigan, USA / Hyderabad, India)

ISBN 978-93-5872-895-8

کتاب	:	**اصلاحِ معاشرہ: وقت کی ضرورت**
مصنف	:	**مفتی تنظیم عالم قاسمی**
پروف ریڈنگ / تدوین	:	اعجاز عبید
صنف	:	غیر افسانوی نثر
ناشر	:	تعمیر پبلی کیشنز (حیدرآباد، انڈیا)
سالِ اشاعت	:	۲۰۲۴ء
صفحات	:	۹۴
سرورق ڈیزائن	:	تعمیر ویب ڈیزائن

فہرست

مضامین کا یہ مجموعہ بڑا قیمتی اور قابل قدر ہے

مولانا محمد نعمان بدر القاسمی ندوی (معتمد دار العلوم سبیل السلام حیدرآباد)

اس سے کسی کو انکار نہیں کہ موجودہ معاشرہ و سماج بہت سی برائیوں و بے حیائیوں میں ڈوبا ہوا ہے، ہر دن ایک نئی ایمان سوز خرابی جنم لے رہی ہے، ایک زمانہ تھا کہ لوگوں کو برائی کرتے ہوئے شرم محسوس ہوتی تھی، برے لوگ بھی چاہتے تھے کہ ان کے بے حیا کام کا علم دوسروں کو نہ ہو سکے، لیکن آج فیشن کے نام پر بہت سی برائیاں ہمارے سماج میں داخل ہو گئی ہیں جن کے کرنے پر فخر محسوس کیا جاتا ہے، بقول شاعر:

سکھائے ہیں محبت کے نئے انداز مغرب نے
حیا سر پیٹتی ہے عصمتیں فریاد کرتی ہیں

ضرورت ہے کہ اجتماعی طور پر تقریری، تحریری اور مختلف کوششوں کے ذریعہ سماج میں داخل برائیوں کے تدارک کی فکر کی جائے، اس کے لئے مہم چلائی جائے اور جس طرح بھی ہو سکے صالح معاشرہ کی تشکیل کی مکمل کوشش کی جائے، یقیناً اس سے سماج پر بہتر اثرات مرتب ہوں گے اور ملک و ملت میں اچھا ماحول پیدا ہو گا، راحت اور سکون کی فضا عام ہو گی۔

اپنے استاذ محترم مفتی تنظیم عالم قاسمی کی کتاب "سماج کو بہتر بنایئے" کی اشاعت پر میں اپنی مسرت کا اظہار کرتا ہوں، وہ نہ صرف درس و تدریس بلکہ زبان و بیان اور تحریری

صلاحیتوں میں اچھی صلاحیت کے حامل ہیں، اللہ تعالیٰ کی جانب سے لکھنے پڑھنے کا ستھرا ذوق ان کو حاصل ہے، سماج سے متعلق مختلف اوقات میں لکھے گئے ان کے مضامین کا یہ مجموعہ بڑا قیمتی اور قابل قدر ہے، امید ہے کہ شوق کے ہاتھوں اسے لی جائے گی اور قدر کی نگاہوں سے پڑھی جائے گی۔

محمد نعمان بدر القاسمی ندوی

معتمد دارالعلوم سبیل السلام، حیدرآباد

۲۲/ شعبان ۱۴۳۰ھ

کچھ دل کی باتیں

اسلام آسمانی دین ہے، اسے آخری مذہب کے طور پر پیش کیا گیا ہے، یہ مذہب ایسے اصول و آئین پر مشتمل ہے جن پر عمل آوری سے ساری دنیا میں عدل و انصاف اور امن و آشتی کی فضا بن سکتی ہے۔ اسلام نے سب سے پہلے لوگوں کو انسانیت کا درس دیا ہے، پڑوس میں رہنے والے خواہ غیر مسلم ہوں، ان کے ساتھ بھی حسن سلوک اور اخلاق برتنے کی تعلیم دی گئی ہے، البتہ اگر پڑوسی مسلمان ہو تو دوگنا اس کا حق عائد ہوتا ہے، لیکن انسانیت کے اعتبار سے ہر شخص کے ساتھ اخوت، ہمدردی اور محبت ہمارا مقصد اور نصب العین ہونا چاہیے۔ یہی حال زندگی کے تمام شعبوں کا ہے۔ تجارت، معاملات، لین دین اور دوسرے اوقات میں غیر مسلم اور برادرانِ وطن سے سچائی اور امانت داری کا معاملہ کیا جائے، کفر اور غیر مسلم ہونے کی بنیاد پر دھوکہ بازی، غداری اور جھوٹ شریعت میں قطعاً جائز نہیں۔

یہ بھی حقیقت ہے کہ مسلمان اگر اپنے معاملات اور شعبۂ زندگی کو پاک کرلیں اور قرآن کے بتائے گئے اصول کے مطابق اسلام کی صحیح تصویر پیش کریں تو غیروں پر اس کے اچھے اثرات مرتب ہوں گے۔ پہلے زمانے میں اہل توحید کے معاملات کی صفائی، روشن کردار اور ان کے اعلیٰ اخلاق کو دیکھ کر لوگ کلمہ پڑھ لیا کرتے تھے، گنہگاروں کے لیے مسلمانوں کے روشن چہرے ہدایت کے مینار ثابت ہوتے۔ آج عمل کا یہ فلسفہ ہمارے درمیان سے مفقود ہوگیا، اس لیے اپنوں پر اور نہ غیروں پر اسلام کے آئین مؤثر

ہوسکے۔ دوسروں سے پہلے ضرورت ہے کہ خود اپنے کردار کو پاک اور صالح بنائیں۔ اسلامی سماج اور معاشرہ کو اگر جھوٹ، غیبت، حرام خوری اور دیگر امور سے پاک کیا جائے تو کوئی بعید نہیں کہ ساری قومیں اسلام کے قدموں پر جھک جائیں اور اپنی اطاعت کا اعلان کردیں۔ اس طرح اسلام کی صداقت کھل کر لوگوں کے سامنے آئے گی، فاصلے کم ہوں گے، ایک دوسرے کو سمجھنے میں مدد ملے گی، ورنہ یہ غور کرنے کی بات ہے کہ اسلام تمام مذاہب میں حق، ممتاز اور دائمی ہے پھر بھی موجودہ دَور میں اس کی لَو مدھم کیوں ہوتی جا رہی ہے؟

آج مضامین و مقالات اور اشاعتِ کتب میں کمی نہیں، لیکن ان کے بہتر اثرات مرتب نہیں ہیں۔ اس کی اہم وجہ معاشرے کی خرابیوں کو نظر انداز کرتے ہوئے محض بعض مفاد کے لیے کام کرنا اور سستی شہرت کے حصول کا جذبہ دل میں پیدا ہونا ہے۔ اگر تمام اہل قلم، اپنے گاؤں، علاقے اور سماج و معاشرہ میں راہ پانے والی برائیوں کو مٹانا مشن بنائیں اور اپنے قلم سے بے حیائیوں اور خرابیوں کا مقابلہ کریں، تو معاشرہ بہت جلد جرائم سے پاک ہوسکتا ہے۔ جو لوگ اصلاحی مضامین لکھتے ہیں وہ مبارکباد کے قابل ہیں کہ مرض کے موافق علاج سے شفاء کی امید جلد کی جاسکتی ہے۔ ہمہ مسلکی جماعت اصلاحِ معاشرہ و ازالۂ منکرات بہادرپورہ حیدرآباد کے ذریعے مختلف نوعیتوں سے عملی کوشش جاری ہے کہ معاشرے سے برائیاں دور ہوں اور سماج صاف ستھرا ہو، اس کے چیئرمین محترم جناب خادم ایم اے نعیم صاحب اور دیگر تمام رفقائے کار کی کوششیں یقیناً قابل تحسین ہیں۔

پیش نظر کتاب علمی، تحقیقی، سماجی اور اصلاحی مضامین کا مجموعہ ہے۔ معاشرہ اور سماج میں پائی جانے والی خرابیوں کو پیش نظر رکھتے ہوئے یہ مضامین مختلف اوقات میں

لکھے گئے ہیں۔ سادہ انداز، مواد کی فراہمی، قرآن واحادیث سے استدلال اور زبان انتہائی معتدل اور شیریں رکھی گئی ہے، تاکہ آنکھوں کی راہ سے یہ باتیں دلوں میں اتر جائیں۔ یہ بھی مسرت کی بات ہے کہ یہ مضامین روزنامہ منصف حیدرآباد کے مذہبی سپلیمنٹ "مینارۂ نور" میں شائع ہو چکے ہیں۔ اس کے علاوہ ہندوستان کے مختلف معیاری جرائد و رسائل میں بھی شائع ہو کر مقبول خاص وعام ہوئے ہیں۔

اس کتاب میں ممکن ہے بہت سی لفظی اور معنوی غلطیاں ہوں، امید ہے کہ آپ اسے نظر انداز کر دیں گے اور خذما صفاودع ما کدر "اچھی چیز کو لے لو اور غلط کو چھوڑ دو" پر عمل کرتے ہوئے اس سے استفادے کی کوشش کریں گے اور اغلاط کی نشاندہی بھی کریں گے، تاکہ اگلے ایڈیشن میں تصحیح کا کام کر لیا جائے۔

تنظیم عالم قاسمی

استاذِ حدیث دار العلوم سبیل السلام حیدرآباد

۲۶/ شعبان ۱۴۳۰ھ

اصلاحِ معاشرہ: وقت کی اہم ضرورت

آج سے نصف صدی قبل برائیاں اتنی نہیں تھیں جتنی کثرت سے آج پائی جارہی ہیں، فحش اور منکرات کی مختلف جدید شکلوں کا چلن اس طرح عام ہوتا جارہا ہے جس کا کچھ دنوں پہلے تصور بھی نہیں تھا، گویا سائنس اور ٹکنالوجی کی ترقی کے ساتھ معاشرہ میں بے حیائیاں بھی ترقی پذیر ہیں، کہیں فیشن کہیں سیر و تفریح کہیں ٹائم پاس اور کہیں زمانہ سے ہم آہنگی کے نام پر طرح طرح کی برائیاں وضع کر لی گئی ہیں جن کی لپیٹ میں نہ صرف غیر مسلم بلکہ مسلمانوں کا ایک بڑا طبقہ ملوث ہے۔ مرد، عورت، جوان، بچہ، بوڑھا، اور امیر و غریب کے امتیاز کے بغیر بیشتر افراد دانستہ یا نادانستہ طور پر معاشرہ میں رائج منکرات کے شکار ہیں جن پر انہیں کوئی احساس یا غم نہیں، کیوں کہ یہ زمانہ کی اُپج ہے، ان سے منہ موڑ لینا ان کے نزدیک عقلمندی نہیں یا پھر تغیرات زمانہ کو اپنائے بغیر زندگی کو بے جان اور ناقص تصور کیا جاتا ہے۔

سکھائے ہیں محبت کے نئے انداز مغرب نے
حیا سر پیٹتی ہے عصمتیں فریاد کرتی ہیں

بعض پرانے بڑے بوڑھوں کی زبانی بارہا سنا ہے کہ چار پانچ دہائی قبل نوجوانوں کو سینما دیکھنے میں شرم محسوس ہوتی تھی، سینما بینی کو جرم سمجھتے ہوئے حتی الامکان اسے چھپانے کی کوشش کرتے تھے یہی حال تقریباً تمام برائیوں کا تھا، مگر آج مجرمین اپنے جرم

پر فخر محسوس کرتے ہیں۔ انتہائی بے باکی اور جراتمندی کے ساتھ بر سرعام برائی کی جاتی ہے نہ اسے خود اپنی غلطی کا احساس ہے اور نہ ہی کوئی ٹوکنے والا یا کم از کم برائی سمجھ کر دل میں نفرت کا احساس پیدا کرنے والا ہے۔ اس کا بنیادی سبب فحش اور منکرات کی کثرت ہے یعنی برائیاں اتنی پھیل گئی ہیں کہ کوئی علاقہ، کوئی سماج، کوئی گھر بلکہ کوئی فرد اس سے محفوظ نہیں ہے، کسی نہ کسی طرح ہر شخص اس کی لپیٹ میں ہے۔ اسی کثرت اور زیادتی کے سبب لوگوں کے دلوں سے ان برائیوں کی قباحت و شناعت ختم ہو گئی اور اب برائی کے بجائے ضرورت زندگی اور سیر و تفریح کی راہ سے ہماری زندگیوں میں یہ برائیاں داخل ہو گئیں۔ شراب نوشی، فلم بینی، زناکاری، ناچ گانا، گالی گلوج، فحش گوئی، سود، رشوت شادی بیاہ میں غلط رسم ورواج، اسراف، فضول خرچی اور دوسری سیکڑوں برائیاں ہیں جن کی قباحت کے بیان سے کتابیں بھری ہوئی ہیں، قرآن و حدیث کے متعدد نصوص میں ان پر وعید کا تذکرہ ہے مگر کون سا ایسا دن ہے جب کہ کوئی مسلم معاشرہ ان منکرات سے بچا ہوا ہو، حقوق اللہ سے لے کر حقوق العباد تک اور فرائض سے لے کر اخلاقیات تک پامال نہ کیے جاتے ہوں، حد تو یہ ہے کہ تھوڑی تھوڑی بات میں، لڑنے جھگڑنے، فحش کلامی اور ظلم و زیادتی کی ایسی بھیانک شکلیں اختیار کی جاتی ہیں جن سے اسلام تو کیا انسانیت کو شرم آنے لگتی ہے۔

اسی کے ساتھ معاشرہ کے اس پہلو پر بھی نظر رہے کہ ناجائز اور حرام چیزیں اس قدر سماج میں رائج ہو گئی ہیں کہ اگر کوئی اللہ کا نیک بندہ ان کے ارتکاب سے بچنا بھی چاہے تو اگر محال یا ناممکن نہیں تو مشکل ضرور ہے جیسے زندگی کے ہر شعبہ میں رشوت کا چلن عام ہو گیا ہے، کسی بھی آفس میں رشوت کے بغیر کوئی کام انجام نہیں پاتا اسی طرح سودی کاروبار اور اس کی لعنت میں پورا معاشرہ جکڑا ہوا ہے، شادی بیاہ میں بے جا رسم و رواج،

اسراف وفضول خرچی اور جہیز کالین دین ضرورت زندگی اور ثواب بن کر معاشرہ میں اس طرح عام ہو گیا ہے کہ ان رائج خطوط سے ہٹ کر شادی معاشرہ کی لعنت کا سبب بن جاتی ہے، دکانوں ہوٹلوں اور آفسوں میں کسی شدید ضرورت کے بغیر لڑکیوں کو بے پردہ رکھنے کارواج عام ہو رہا ہے، تاکہ ان کی جاذبیت سے گاہک اور خریدار ان کی طرف متوجہ ہوں اور کاروبار چل سکے، اسی طرح ان جگہوں میں ٹی وی چلانے اور ناچ گانے کا رجحان بھی بڑھتا جارہا ہے، کسی جائز مقصد کے لیے انٹرنیٹ یا الکٹرانک میڈیا کا استعمال کیا جائے تو درجنوں مکروہات سے گزر کر مقصد تک رسائی ممکن ہو سکتی ہے۔ اس طرح قدم قدم پر شعوری یا غیر شعوری طور پر برائی کا ارتکاب زندگی کا لازمی جز بن چکا ہے، گویا خرابیوں اور برائیوں کا ایک سیلاب ہے جس کے رو میں پوری ملت اسلامیہ اپنی بے بسی کی شکایت کر رہی ہے۔

ان حالات میں اصلاح معاشرہ وقت کی اہم ضرورت ہے۔ یقیناً خدمت دین کے مختلف شعبے ہیں، اخلاص پر مبنی کسی بھی کوشش کو رضامندیٔ الٰہی کا ذریعہ قرار دیا جاسکتا ہے تاہم موجودہ دور میں سماج اور معاشرہ میں پائی جانے والی مختلف بیماریوں کا مناسب علاج اور تدارک دیگر دینی امور کے مقابلہ میں زیادہ توجہ کے قابل ہے کہ صالح معاشرہ تمام نیکیوں کی جڑ ہے، ارشاد باری ہے:

"لوگوں کی بد اعمالیوں کی وجہ سے خشکی اور تری میں فساد پھیل گیا۔" (الروم:۴۱)

معلوم ہوا کہ ایک شخص کی برائی کی نحوست دوسروں پر بھی پڑتی ہے اگرچہ ان کا اپنا عمل بہتر ہی کیوں نہ ہو، یہی وجہ ہے کہ آج پوری ملت بے چین ہے، اضطراب کے عالم میں مسلمانوں کی زندگی گزر رہی ہے۔ انتھک محنت اور کوشش کے باوجود گھر میں نہ برکت ہے اور نہ ہی سکون واطمینان کی کیفیت۔ یہی مضمون رسولِ اکرم صلی اللہ علیہ وسلم نے

ان الفاظ میں ارشاد فرمایا:

"قسم ہے اس ذات کی جس کے قبضے میں میری جان ہے، تم یقیناً امر بالمعروف اور نہی عن المنکر کا فریضہ انجام دوگے یا عنقریب اللہ تعالیٰ تم پر اپنا عذاب نازل کرے گا پھر تم اللہ تعالیٰ سے دعا بھی کروگے تو تمہاری دعا قبول نہیں کی جائے گی۔"

عذاب نازل کیے جانے کی مختلف صورتیں ہیں، دوستوں کا دشمن بن جانا، گھر میں بیماریوں کا آنا، اولاد کا نافرمان ہونا، مقدمات میں پھنس جانا، قرضوں میں مبتلا ہو جانا، دعاؤں کا قبول نہ ہونا، باہمی اختلاف رونما ہونا وغیرہ... اگر غور کیا جائے تو معاشرہ میں موجود خرابیوں اور برائیوں کے سلسلہ میں قابل لحاظ ہماری کوشش نہ ہونے کے سبب ہم مختلف مسائل سے دوچار ہو گئے اور اب ہماری پریشانی انتہا کو پہنچ چکی ہے، اس لیے امت کے تمام باشعور افراد کو چاہیے کہ اپنی بساط کے مطابق اصلاح معاشرہ کی کوشش کریں، اہل زبان اصلاحی بیان کے ذریعہ، اہل قلم اصلاحی تحریر و مضامین کے ذریعہ، اہل ثروت اصلاحی کاموں میں دولت خرچ کر کے، اصحاب علم و فن اپنے ہنر اور فن استعمال کر کے 'غرض اصلاحِ معاشرہ و ازالۂ منکرات کے لیے اگر اجتماعی کوشش کی جائے تو کچھ بعید نہیں کہ ہمارا معاشرہ صحیح معنی میں اسلامی معاشرہ میں تبدیل ہو جائے اور اللہ کی بے پایاں رحمتیں ہماری طرف متوجہ ہوں۔

جنگِ آزادی کے مشہور اور سرگرم رکن حضرت شیخ الہند مولانا محمود حسن دیوبندیؒ کی ساری عمر جہاد اور اس کی تیاری میں گزری مگر جب وفات کا وقت آیا تو طبیعت پر آزردگی دیکھ کر بعض لوگ یہ سمجھے کہ شاید موت کی فکر ہے لیکن جب پوچھا گیا تو جواب دیا کہ "آرزو یہ تھی کہ کسی میدان کارزار میں موت آتی، سر کہیں ہوتا، دھڑ کہیں 'غم اس کا ہے کہ آج بستر پر مر رہا ہوں۔" (جہاں دیدہ: ۵۰۲)

مولانا کے زمانہ میں پورا ملک انگریزوں کا غلام تھا مسلمانوں کے خلاف ہر طرف محاذ آرائی تھی ملت سسک رہی تھی دین خطرہ میں تھا جس کا درد حضرت شیخ الہندؒ اپنے دل میں محسوس کر رہے تھے اور چاہتے تھے کہ مسلمانوں کے مسائل حل ہوں خواہ ان کے لیے انہیں اپنی جان کی قربانی ہی کیوں نہ دینی پڑے۔

قوتِ حافظہ میں ضرب المثل حضرت مولانا انور شاہ کشمیریؒ کو معاشرہ میں پائی جانے والی خرابیوں کے ختم کرنے کا اس قدر جذبہ تھا کہ ہمیشہ وہ بے چین رہتے مشہور مفسر قرآن حضرت مفتی شفیعؒ مولانا کے جذبات کا تذکرہ کرتے ہوئے لکھتے ہیں "حضرت مولانا انور شاہ کشمیریؒ کی مساعیٔ جمیلہ کے نتیجے میں ہر سال قادیان میں مسلمانوں کا ایک جلسہ ہونے لگا تھا ایک مرتبہ ہم حضرت کے ساتھ اس جلسے میں شرکت کے لیے گئے ہوئے تھے ایک روز وہیں نماز فجر کے بعد حضرت کو دیکھا کہ مغموم بیٹھے ہیں احقر نے مزاج دریافت کیا تو فرمایا کہ طبیعت تو ٹھیک ہے لیکن آج کل ہر وقت دل و دماغ پر یہ فکر مسلط ہے کہ ہم لوگ اپنے دروس اور تقریر و تحریر میں حنفیت کی ترجیح پر زور دینے میں لگے رہے اور قادیانیت الحاد و بے دینی کے یہ فتنے کہاں سے کہاں پہنچ گئے حالانکہ حنفیت اور شافعیت کا یہ اختلاف زیادہ سے زیادہ راجح اور مرجوح کا اختلاف ہے جس کا فیصلہ حشر میں بھی نہیں ہوگا اور ان فتنوں سے دین و ایمان پر ضرب لگ رہی ہے اس بناء پر مغموم بیٹھا ہوں۔" (چند عظیم شخصیات:۳۶)

یہ اور اس طرح بیشتر واقعات ہیں کہ علماء، اہل فکر اور خدا کے نیک بندے ملت کے تئیں اپنی ذمہ داری کے احساس سے تڑپتے اور بے چین رہتے تھے، اصلاح معاشرہ کے لیے انہوں نے مصائب برداشت کیے اور تمام چیزیں اس کے لیے قربان کر دیں۔

آج اصلاحِ معاشرہ کے نام پر مختلف نوعیتوں سے کوشش جاری ہے، ادارے اور

تنظیموں کی کمی نہیں، مگر نتیجہ صفر کے درجہ میں ہے، معاشرہ کی برائی کم ہونے کے بجائے روز بروز بڑھتی ہی جارہی ہے، اس کی بڑی وجہ اخلاص کی کمی ہے، عام طور پر ان ملی اداروں کے قیام کا مقصد سستی شہرت وعزت کا حصول ہوتا ہے یا اس کے بہانے دنیا کمانے کا جذبہ جس کے سبب ملت کا درد دل میں پیدا نہیں ہو پاتا اور نہ ہی زبان و قلم میں تاثیر پیدا ہوتی ہے، مصلحت اور حکمت کے بہانے بھی بہت سی حق باتیں ترک کردی جاتی ہیں جس کی اسلامی تعلیمات میں قطعاً گنجائش نہیں، اس کو احادیث میں مداہنت سے تعبیر کیا گیا ہے، لہٰذا اہل علم اور اصحاب استطاعت کا فریضہ ہے کہ وہ اخلاص وللّٰہیت کے ساتھ دین کا صحیح پیغام لوگوں تک پہنچائیں اور کسی ملامت کرنے والے کی ملامت کی پرواہ کیے بغیر شرعی احکام سے اللہ کے بندوں کو واقف کرائیں۔

***

اسلام میں حقوق العباد کی اہمیت

دنیا میں جتنے بھی انبیاء کرام تشریف لائے ان سب کی ایک ہی آواز تھی اور وہ ہے حقوق کی ادائیگی، حقوق کی دو قسمیں ہیں، ایک حقوق اللہ اور دوسرے حقوق العباد، حقوق کی پہلی قسم یعنی وہ جس کا براہِ راست اللہ تعالیٰ سے تعلق ہے جیسے نماز، روزہ، زکوٰۃ اور دوسری عبادات، ذکر واذکار وغیرہ، اس کے ادا کرنے کی بلاشبہ تاکید کی گئی ہے اور اس کے ترک پر سختی اور عذاب سے ڈرایا گیا ہے لیکن اس کے باوجود اس قدر خطرناک اور مہلک نہیں ہے جس طرح حقوق العباد یعنی بندوں کے حقوق کا ادا نہ کرنا انسان کے لئے باعث ہلاکت ہے، یہی وجہ ہے کہ انداز اور طریقۂ دعوت خواہ مختلف ہو تمام نبیوں اور رسولوں نے اپنی قوموں کے حقوق العباد کی طرف خاص طور پر توجہ دلائی ہے جس کا ذکر قرآن شریف کے مختلف مقامات پر ملتا ہے۔

سورہ اعراف آیت ۸۵ میں حضرت شعیب ں کا تذکرہ ہے، جن لوگوں کی طرف یہ بھیجے گئے تھے ان میں سب سے بڑی خرابی یہ تھی کہ یہ لوگ دوسروں کی حق تلفی کرتے تھے، جب لینے کی بات ہوتی تو زیادہ لیتے اور دینے کے وقت کم دیا کرتے تھے، ناپ تول میں کمی ان کی عادت بن گئی تھی اور اس پر مزید یہ کہ راستوں اور سڑکوں کے دہانوں پر بیٹھ جاتے اور آنے والوں کو ڈرا دھمکا کر لوٹتے، اس طرح اللہ اور اس کے رسول پر ایمان نہ لاکر اس کے حق ضائع کرنے کے ساتھ بندوں کے حقوق بھی تلف کر رہے تھے، حضرت شعیب ں نے ایمان وتوحید کے بعد خاص طور سے اس سے باز رہنے کی ہدایت دی

اور فرمایا: قَدۡ جَآءَتۡكُمۡ بَيِّنَةٌ مِّنۡ رَّبِّكُمۡ فَاَوۡفُوا الۡكَيۡلَ وَالۡمِيۡزَانَ وَلَا تَبۡخَسُوا النَّاسَ اَشۡيَآءَهُمۡ وَلَا تُفۡسِدُوۡا فِى الۡاَرۡضِ بَعۡدَ اِصۡلَاحِهَا" اب تو تمہارے پاس کھلا نشان بھی تمہارے پروردگار کی طرف سے آچکا سو تم ناپ اور تول پوری کیا کرو اور لوگوں کا نقصان ان کی چیزوں میں مت کیا کرو اور ملک میں فساد نہ مچاؤ اس کی درستی کے بعد۔"

اس آیت میں ناپ تول کی کمی سے ہی نہیں بلکہ ہر طرح کے حق کی ادائی میں کمی و کوتاہی سے منع کیا گیا ہے، کسی کا سامان لے کر نہ دینا، کسی سے قرض لے کر واپس نہ کرنا، کسی کو گالی گلوج یا بے آبرو کرنا، غرض حق کا تعلق مال سے یا عزت و آبرو یا کسی دوسری چیز سے اس کی ادائی کا حکم دیا گیا، اہل علم جانتے ہیں کہ "بخس" کے معنی کسی کے حق میں کمی کر کے نقصان پہنچانے کے ہیں خواہ وہ حق معاشرت سے متعلق ہو یا معاملات سے، قرآن کی مذکورہ آیت میں کیل اور میزان یعنی ناپ تول کی کمی زیادتی کے ساتھ بطورِ خاص علیحدہ دیگر حقوق میں کوتاہی سے باز رہنے کی تاکید کی گئی تاکہ اس کی اہمیت معلوم ہو سکے۔

حضرت شعیب ں نے اپنی قوم کو بارہا سمجھایا اور اللہ کے عذاب سے ڈرایا دھمکایا لیکن وہ اپنی عادت اور فطرت سے باز نہ آئے، بالآخر اللہ تعالیٰ نے ان پر زلزلے کا عذاب نازل کیا اور وہ ہلاک کر دیئے گئے، ان کے علاوہ جن قوموں نے بھی خیانت، بدمعاشی، حرام خوری اور حق تلفی کو اپنا شعار اور مزاج بنایا اور تنبیہ کئے جانے کے بعد بھی وہ باز نہ آئے، وہ اللہ کے سخت عذاب میں گرفتار ہو گئے، ان کے واقعات سورۂ اعراف کے علاوہ سورۂ ہود آیات ۸۴ تا ۹۵ اور سورۂ الشعراء آیات ۱۷۷ تا ۱۹۱ میں مذکور ہیں، جن کے مطالعے سے یہ بات واضح ہو جائے گی کہ بندوں کے حقوق کی رعایت اور معاملات کی درستگی اتنا اہم ہے کہ اس میں غفلت اور سستی انسان کو ہلاکت تک پہنچا دیتی ہے، یہی وجہ ہے کہ اللہ تعالیٰ نے قاعدہ کلیہ کے طور پر تمام کی حق تلفی کرنے والوں کو "ویل" یعنی

ہلاکت اور شدتِ نقصان کی دھمکی دیتے ہوئے ارشاد فرمایا: "ویل للمطففین "بڑی خرابی ہے ناپ تول میں کمی کرنے والوں کے لئے"۔ "ویل" کے معنی لغت میں شدتِ عذاب کے ہیں، یہ عذاب آخرت میں تو متعین ہے ہی، دنیا میں بھی مختلف پریشانیوں اور مصائب میں گرفتاری اس میں داخل ہے، ناپ تول میں کمی کرنے والا یا کسی کا ناحق مال کھانے والا کبھی سکون اور چین نہیں پا سکتا، غلط طریقے سے مال کا حصول گھر میں برکت نہیں، قحط پیدا کرتا ہے، ایسے لوگ کبھی حقیقی مالدار نہیں ہوسکتے، اس لئے برائیوں اور گناہوں کے اثرات آخرت کے علاوہ دنیوی زندگی میں بھی مرتب ہوتے ہیں، چنانچہ طبرانی نے حضرت عبداللہ بن عباسؓ کی یہ روایت نقل کیا ہے کہ رسول اکرم ﷺ نے ارشاد فرمایا کہ جس قوم میں مال غنیمت کی چوری رائج ہو جائے اللہ تعالیٰ ان کے دلوں میں دشمن کا رعب اور ہیبت ڈال دیتے ہیں اور جس قوم میں ربوٰ یعنی سود خواری کا رواج ہو جائے ان میں موت کی کثرت ہو جاتی ہے اور جو قوم ناپ تول میں کمی کرتی ہے تو اللہ تعالیٰ ان کا رزق قطع کر دیتے ہیں اور جو لوگ حق کے خلاف فیصلے کرتے ہیں ان میں قتل وخون عام ہو جاتا ہے اور جو لوگ معاہدات میں غداری کرتے ہیں اللہ تعالیٰ ان پر ان کے دشمن مسلط کر دیتا ہے۔ (تفسیر مظہری)

حدیث کی کتابوں میں ایسی متعدد روایات ہیں جن میں صاف طور پر آپ ﷺ نے ناپ تول کی کمی کرنے والے افراد کو فقر و فاقہ، قحط اور بے برکتی سے ڈرایا ہے جس کا تعلق دنیوی زندگی سے ہے، واضح رہے کہ تقریباً تمام حضرات مفسرین نے ناپ تول میں کمی کرنے سے مراد حق تلفی لی ہے یعنی زندگی کے کسی بھی شعبے میں جس کا تعلق بندوں کے حق سے ہو خواہ وہ معاشرت ہو یا معاملات دوسروں کے حقوق ضائع کرنا اور ان کی طرف توجہ نہ دینا اس وعید میں داخل ہے۔ (تفصیل کے لئے دیکھئے قرطبی: ۱۹/۱۶۵)

نماز، روزہ، زکوٰۃ، حج اور دیگر عبادات و اذکار میں اگر بشری تقاضے کی بنیاد پر کمی و کوتاہی ہو جائے تو اللہ کی رحمت سے معافی کی امید ہے لیکن بندوں کی حق ضائع کئے جانے کی معافی کی کوئی گنجائش نہیں، قیامت کے دن حق تلفی کرنے والوں کی مقبول نیکیاں لے کر صاحبِ حق کو دی جائیں گی اور اگر اس میں بھی حق تکمیل نہ پائے تو صاحبِ حق کے گناہ ظالم شخص کے نامۂ اعمال میں ڈال دیئے جائیں گے پھر یہ دونوں گناہوں کی سزا بھگتتا رہے گا، اسی لئے رسول اکرم ﷺ نے تمام مسلمانوں کو ہدایت دی کہ جو شخص کسی مسلمان بھائی کا کوئی حق رکھتا ہو اور وہ حق خواہ غیبت و بُرائی کرنے اور روحانی و جسمانی ایذا رسانی وغیرہ کی صورت میں آبرو ریزی کا ہو یا کسی اور چیز سے متعلق ہو جیسے کوئی مالی مطالبہ و معاملہ یا ناحق خون وغیرہ تو اس کو چاہئے کہ وہ اس حق کو آج ہی کے دن یعنی اسی دنیا میں معاف کرا لے اس سے پہلے کہ وہ دن آئے جب نہ تو درہم رکھتا ہو گا اور نہ دینار جو اس کے حق کے بدلہ کے طور پر دے سکے، اگر دنیا میں معاف نہیں کرایا تو ظالم کے اعمال نامہ میں جو کچھ نیکیاں ہوں گی، اس کے ظلم کے برابر نیکیاں لے لی جائیں گی اور مظلوم یا حق دار کو دے دی جائیں گی اور اگر ظالم نیکیاں نہیں رکھتا ہو گا تو اس صورت میں مظلوم یا حق دار کے گناہوں میں سے اس کے حق کے بقدر گناہ لے کر ظالم پر لاد دیئے جائیں گے، (صحیح بخاری)

دوسری حدیث میں ایسے شخص کو مفلس کہا گیا ہے جو مختلف حقوق اپنے ذمہ رکھ کر مر جائے اور انہیں ادا نہ کر سکے، اس لئے کہ اس کے نامۂ اعمال کی تمام نیکیاں اصحاب حق کی طرف منتقل ہو جائیں گی اور وہ خالی ہاتھ رہ جائے گا، ظاہر ہے کہ قیامت کے دن جس کی ہولناکیوں سے دنیا کی تمام چیزیں پناہ مانگتی ہیں اگر کوئی شخص تنہا و یکا ہو جائے اور اس کے لئے کوئی سہارا نہ ہو تو اس سے بڑا مفلس اور قابل رحم کون ہو سکتا ہے۔

اس سے یہ بات ثابت ہوگئی کہ کسی کا کوئی حق ضائع نہیں ہوگا بلکہ جو بھی شخص جس شخص کا حق مارے گا اور اس کے ساتھ ظلم کرے گا اس سے اس حق تلفی اور ظلم کا بدلہ حق دار اور مظلوم کو ضرور دلایا جائے گا، جب کہ اللہ کے حقوق تلف کرنے پر معافی اور رحمتِ الٰہی کی امید ہے، ممکن ہے کہ اللہ اپنے حقوق معاف فرما کر اپنے بندوں کے لئے مغفرت کا اعلان کر دے، معلوم ہوا کہ حقوق العباد کا مسئلہ انتہائی اہم اور بہت ہی قابل توجہ ہے، مگر یہ بھی انتہائی افسوس کی بات ہے کہ اس قدر اس کی اہمیت اور ضرورت کے باوجود لوگوں میں بلکہ خواص میں بھی حقوق العباد کے تعلق سے سستی اور غفلت عام ہوتی جارہی ہے، بندوں کے حقوق کی رعایت، معاملات کی صحت و درستی یا ایک دوسرے پر عائد ہونے والے حق کو معمولی سمجھ لیا گیا ہے ایک وہ شخص جو نماز پابندی سے ادا کرتا ہے، روزہ وغیرہ کا بھی خیال رکھتا ہے لیکن اس کے معاملات پر نظر کریں تو انتہائی نامناسب اور غیر اسلامی نظر آئیں گے کیا محض حقوق اللہ کی ادائی سے زندگی میں صالحیت اور دل میں تقویٰ پیدا ہو سکتا ہے؟ ہر گز نہیں جب تک حقوق العباد ادا نہ کئے جائیں، بندوں کے ساتھ رواداری، محبت و غمخواری اور ان کے مختلف حقوق کی رعایت نہ کی جائے ایک انسان کبھی بھی بزرگ اور صالح نہیں بن سکتا، ضرورت ہے کہ تقریر و تحریر، مضامین و مقالات اور مختلف لٹریچروں اور کتابچوں کے ذریعے عوام میں بیداری لائی جائے اور ان کو اللہ کے حقوق، ایمان و توحید کے ساتھ ساتھ بندوں کے حقوق سے باخبر کیا جائے ان کی ادائی کی ترغیب دی جائے اور بتایا جائے کہ یہ وہ تریاق ہے جس کے بغیر تم کبھی گناہوں کے جراثیم اور زہر سے نجات نہیں پاسکتے۔

***

والدین -- جنت بھی جہنم بھی

حقوق دو طرح کے ہوتے ہیں، ایک کا تعلق اللہ تعالیٰ سے ہے، اس کو حقوق اللہ کہا جاتا ہے، جیسے نماز، روزہ، زکوٰۃ وغیرہ اور دوسری قسم کے حقوق کا تعلق بندوں سے ہے، جس کو حقوق العباد (بندوں کے حقوق) سے تعبیر کیا جاتا ہے۔ اللہ کے حقوق بہ نسبت بندوں کے حقوق کے زیادہ اہمیت کے حامل ہیں کہ یہ بندوں کے معاف کیے بغیر معاف نہیں ہوتے ہیں، جب کہ اللہ تعالیٰ اپنے حقوق کے بارے میں خود مختار ہے، وہ چاہے تو اپنی شانِ رحیمی کے سبب معاف بھی کر سکتا ہے، اسی لیے احادیث میں ایسے افراد کو مفلس قرار دیا گیا ہے جو بہت سے نیک اعمال لے کر قیامت کے دن آئیں گے مگر لوگوں کے حقوق ان کے ذمہ ہوں گے جن کی ادائی کے بعد ان کے پاس کچھ بھی باقی نہیں رہے گا اور یہ جہنم میں ڈال دیئے جائیں گے۔

لوگوں کے حقوق کی مختلف صورتیں ہیں، ان کی ایک صورت یہ بھی ہے کہ کسی کا مال لے کر واپس نہ کیا جائے، ایک صورت یہ ہے کہ کسی کو ناحق ستایا جائے، ایک صورت یہ ہے کہ کسی کا حق جو ذمہ سے وابستہ ہے ادا نہ کیا جائے۔ بندوں کے تمام حقوق میں سب سے زیادہ اور بڑا حق والدین کا ہے۔ اولاد کے ذمے ماں باپ کی خدمت، حسن سلوک، ان کے ساتھ اچھی بات چیت، ان کی ضروریاتِ زندگی کی تکمیل اور راحت رسانی کی کوششیں وغیرہ، یہ ایسے حقوق ہیں جن کو اللہ تعالیٰ نے اولاد کے ساتھ وابستہ کیا ہے اور ان کے ادا کرنے کی بارہا تاکید کی ہے۔ ایک جگہ ارشادِ باری ہے: وَقَضٰی رَبُّکَ اَلَّا تَعْبُدُوْا اِلَّا

اِیَّاہُ وَ بِالْوَالِدَیْنِ اِحْسَانًا۔ (سورہ بنی اسرائیل، آیت ۲۳) "اور تمہارے رب کا قطعی حکم ہے کہ صرف اسی کی عبادت اور پرستش کرو اور ماں باپ کے ساتھ اچھے سے اچھا برتاؤ اور ان کی خدمت کرو۔" اس آیت میں توحید اور عبادتِ خداوندی کے فوری بعد والدین کے ساتھ نیک برتاؤ اور ان کے حقوق کی طرف توجہ دلائی گئی ہے، جس سے معلوم ہوتا ہے کہ انسانوں کے اعمال میں خدا کی عبادت کے بعد ماں باپ کی خدمت اور راحت رسانی کا درجہ ہے۔ تقریباً یہی مضمون سورہ عنکبوت آیت ۸ اور سورہ لقمان آیت ۱۴ اور ۱۵ میں بیان گیا ہے، جس کی تفسیر کے مطالعہ سے معلوم ہوتا ہے کہ ماں باپ کی خدمت اولاد پر ہر حال میں لازم ہے، خواہ وہ برے ہوں یا اچھے، نمازی ہوں یا غیر نمازی یعنی والدین اپنے عمل کے اعتبار سے جیسے بھی ہوں ان کے ساتھ نیک سلوک اور اچھا برتاؤ کیا جائے گا، اولاد کو یہ کہنے کا حق نہیں ہے کہ میرے باپ شرابی ہیں، زناکار ہیں، جھوٹے اور گنہگار ہیں اس لیے ان کی خدمت میرے اوپر لازم نہیں، ماں باپ اپنے گناہ کے خود جواب دہ ہوں گے، محض ان کے گنہگار ہونے کے سبب ان کی خدمت اور حسن سلوک سے اولاد سبکدوش نہیں ہوسکتی، یہاں تک کہ اگر ماں باپ مشرک اور کافر ہوں پھر بھی ان کی خدمت اور اطاعت و فرمانبرداری ضروری ہے، جیسا کہ حضرت اسماء بنت ابی بکر رضی اللہ عنہا سے روایت ہے کہ رسول اللہ صلی اللہ علیہ وسلم اور قریش مکہ کے معاہدے (صلح حدیبیہ) کے زمانہ میں میری ماں جو اپنے مشرکانہ مذہب پر قائم تھی، سفر کر کے مدینے میں میرے پاس آئی تو میں نے رسول اللہ صلی اللہ علیہ وسلم سے عرض کیا: یارسول اللہ! میری ماں میرے پاس آئی ہے اور وہ کچھ خواہشمند ہے، تو کیا میں اس کی خدمت کروں؟ آپ نے فرمایا: ہاں، اس کی خدمت کرو (اور اس کے ساتھ وہ سلوک کرو جو بیٹی کو ماں کے ساتھ کرنا چاہیے۔) (صحیح بخاری و مسلم)

شرک اللہ کے نزدیک سب سے بڑا جرم ہے، اس کے باوجود آپؐ نے ماں کے ساتھ بہتر سلو کی ہدایت دی، جو اس بات کی واضح دلیل ہے کہ ماں باپ کی خدمت اور اطاعت اولاد پر لازم ہے، خواہ وہ اپنے طور پر بد عمل ہی کیوں نہ ہوں، البتہ اولاد کو چاہیے کہ خدمت اور اطاعت کرنے کے ساتھ ان کے لیے ہدایت اور راہِ راست کی دعا مانگتے رہیں کہ یہ بھی بِر اور احسان میں داخل ہے، تاہم یہاں یہ پہلو واضح رہے کہ گناہ کے کاموں میں والدین کی اطاعت نہیں کی جائے گی۔ اگر کسی کے ماں باپ کافر و مشرک ہوں اور وہ اولاد کو بھی کفر و شرک کے لیے مجبور کریں اور دباؤ ڈالیں تو اولاد پر ضروری ہے کہ ان کی یہ بات نہ مانے، لیکن ان کی خدمت اور ان کے ساتھ حسن سلوک برابر کرتی رہے۔

اس سے کسی کو انکار نہیں کہ ہر ماں باپ اپنی اولاد کی پرورش میں اپنی جان تک نچھاور کر دیتے ہیں، ان کی بڑی خواہش اور تمنا ہوتی ہے کہ ان کے بچوں کو کوئی تکلیف اور دقت نہ ہو۔ بچپن میں والدین خود نہیں کھاتے مگر اپنی اولاد کو قیمتی اور طاقتی چیزیں فراہم کرتے ہیں، رات میں بچوں کے رونے اور ان کی تکلیف سے خصوصاً ماں کی نیند اڑ جاتی ہے، علاج اور دوا کے لیے جہاں سے بھی ہو سکے روپئے پیسے کا انتظام کیا جاتا ہے، اولاد کی صحت کی فکر میں اپنی صحت کھو بیٹھتے ہیں، اچھی تعلیم و تربیت، اچھا لباس، اچھا کھانا، اچھا رہن سہن اور ہر بہتر سے بہتر چیزوں کا انتخاب والدین کی اوّلین ترجیح ہوتی ہے۔ اللہ تعالیٰ نے تمام انسانوں کو بچپن میں اپنے ماں باپ کی قربانیوں کو یاد کرنے اور ان کے احسان کا بدلہ ممکن حد تک دینے کا حکم دیا ہے، اِمَّا یَبْلُغَنَّ عِنْدَکَ الْکِبَرَ اَحَدُھُمَآ اَوْ کِلٰھُمَا فَلَا تَقُلْ لَّھُمَآ اُفٍّ وَّ لَا تَنْھَرْھُمَا وَ قُلْ لَّھُمَا قَوْلًا کَرِیْمًا۔ (سورہ بنی اسرائیل آیت: ۲۳) "تیرے سامنے اگر ان دونوں میں سے کوئی ایک یا دونوں بڑھاپے کو پہنچ جائیں تو ان کو "اف" تک نہ کہو اور نہ

جھڑکو اور ان دونوں سے ادب سے بات کرو۔" انسان بچپن میں جس طرح سہارے کا محتاج ہوتا ہے اسی طرح بوڑھے والدین بھی اپنے بڑھاپے کے سبب لاچار اور مجبور ہو جاتے ہیں۔ ان کے لیے ہمدردی، محبت اور جاں نثاری کا مزاج بنانا چاہیے اور ان کی زندگی بھر کی قربانیوں کو ہرگز فراموش نہیں کرنا چاہیے، کبھی کبھی بڑھاپے کے سبب مزاج میں تلخی پیدا ہو جاتی ہے، اولاد کا کام ہے ان کے تلخ کلام کو برداشت کرنا اور ہر حال میں ان کے ساتھ بہتر سلوک کرنا، خاص طور پر جب وہ بیمار ہو جائیں اور بیماری بھی طویل جائے تو بسا اوقات اولاد کو الجھن محسوس ہونے لگتی ہے، خدمت سے منہ موڑ کر ہمہ وقت اپنے کاموں میں مشغول رہتے ہیں اور کبھی بعض بدنصیب اولاد اپنے بے سہارا، کمزور ماں باپ کی شان میں گالیاں بھی بک دیتے ہیں، نہ ان کے لیے وقت پر کھانے کا انتظام ہے اور نہ ہی بہتر دوا علاج کی تدبیر کی جاتی ہے۔ ایسے افراد کے لیے بڑی ہلاکت ہے، ان کو کم سے کم یہ سوچ کر خدمت کرنی چاہیے کہ میرے بھی اولاد ہیں، اپنے ماں باپ کے ساتھ جیسا میرا سلوک ہوگا ایسا ہی میرے بچے میرے ساتھ سلوک کریں گے۔

حضرت عبد اللہ بن عمرو رضی اللہ عنہما کا بیان ہے کہ رسول اکرم صلی اللہ علیہ وسلم نے ارشاد فرمایا: برّوا آباء کم یبرّ ابناء کم وعفّوا تعفّ نساء کم۔ یعنی تم اگر اپنے ماں باپ کی خدمت وفرمانبرداری کروگے تو تمہاری اولاد تمہاری فرمانبردار اور خدمت گذار ہوگی اور تم پاکدامنی کے ساتھ رہوگے تو تمہاری عورتیں پاکدامن رہیں گی۔ (طبرانی) تجربات سے بھی یہ بات ثابت ہے کہ جو جیسا کرتا ہے اس کے ساتھ بھی ویسا ہی معاملہ کیا جاتا ہے، خود کو ماں باپ کی خدمت سے دور رکھ کر ہم خواہش کریں کہ ہمارے بچے ہماری اطاعت وفرمانبرداری کریں تو یہ ناممکن سی بات ہے، اس لیے بڑھاپے کے وقت خاص طور پر والدین کی خدمت ضرور کرنی چاہیے کہ یہی وہ وقت ہے کہ ان کو راضی کر کے ان سے

زندگی اور آخرت کے لیے دعا لی جاسکتی ہے۔ اگر ان کی ایک دعا بھی قبول ہوگئی تو انسان کی تقدیر بدل سکتی ہے۔

حضرت ابو امامہ رضی اللہ عنہ سے روایت ہے کہ ایک شخص نے رسول اکرم صلی اللہ علیہ وسلم سے پوچھا کہ حضرت! اولاد پر ماں باپ کا کتنا حق ہے؟ آپؐ نے ارشاد فرمایا: وہ تمہاری جنت اور دوزخ ہیں۔ (ابن ماجہ) بہت جامع الفاظ میں آپؐ نے دونوں کے حقوق بیان فرمادیئے کہ اگر ان کی تفصیلات لکھی جائیں تو کئی ضخیم کتابیں تیار ہوسکتی ہیں۔ آپؐ کے ارشاد کا مطلب یہ تھا کہ اگر تم اپنے ماں باپ کی فرمانبرداری اور خدمت کروگے اور ان کو راضی رکھوگے تو جنت پالوگے اور اس کے برعکس اگر ان کی نافرمانی اور ایذا رسانی کر کے انہیں ناراض کروگے اور ان کا دل دکھاؤگے تو پھر تمہارا ٹھکانا جہنم ہوگا، تو گویا تمہارے لیے تمہارے اپنے عمل کے اعتبار سے تمہارے ماں باپ جنت بھی پانے کا ذریعہ ہیں اور جہنم میں جانے کا بھی۔ ایک موقع پر آپؐ نے فرمایا کہ اللہ کی رضامندی والد کی رضامندی میں ہے اور اللہ کی ناراضی والد کی ناراضی میں ہے اور ایک موقع پر فرمایا: اپنی ماں کی خدمت کو لازم پکڑو کہ ان کے قدموں میں تمہاری جنت ہے۔ (مسندِ احمد، سنن نسائی)

ماں کی خدمت انسان کے لیے بڑی سعادت ہے، اس کے غیر معمولی اجر وثواب کا اندازہ اس سے لگایا جاسکتا ہے کہ حضرت اویس قرنی رسول اکرم صلی اللہ علیہ وسلم کے زمانۂ مبارک میں ہی ایمان قبول کر چکے تھے، یہ یمن کے باشندہ تھے، چاہتے تھے کہ حضور صلی اللہ علیہ وسلم کی خدمت میں حاضر ہو اور آپ کی زیارت سے ان کو صحابیت کا مقام مل سکے، کیوں کہ شرفِ صحابیت سے بڑھ کر کوئی نعمت نہیں، مگر جب حضرت اویس قرنی نے حضور صلی اللہ علیہ وسلم سے خدمت میں حاضر ہونے کی اجازت چاہی اور کہا یارسول

اللہ! میں آپ کی خدمت میں حاضر ہونا چاہتا ہوں، لیکن میری والدہ بیمار ہیں اور ان کو میری خدمت کی ضرورت ہے، آپؐ نے ان کو آنے سے منع فرمادیا اور فرمایا کہ تم میری زیارت اور ملاقات کے بجائے والدہ کی خدمت کرو۔ انہوں نے آپؐ کے حکم کی اطاعت کی اور والدہ کی خدمت میں لگے رہے، یہاں تک کہ آپؐ کا وصال ہو گیا۔ اللہ تعالیٰ نے حضرت اویس قرنی کو ماں کی خدمت کا یہ صلہ دیا کہ آپؐ نے حضرت عمر فاروق رضی اللہ عنہ سے فرمایا کہ اے عمر! کسی زمانے میں "قرن" یعنی یمن کے علاقے سے ایک آدمی آئے گا، جس کے یہ اوصاف اور یہ حلیہ ہو گا۔ جب یہ آدمی تمہیں مل جائے تو اے عمر! اپنے حق میں ان سے دعا کرانا، اس لیے کہ اللہ تعالیٰ ان کی دعائیں قبول فرمائیں گے، چنانچہ جب بھی یمن سے کوئی قافلہ مدینہ طیبہ آتا تو حضرت عمر فاروق پوچھتے کہ کیا تم لوگوں میں کوئی اویس قرنی نام کا کوئی شخص ہے؟ جب حضرت اویس قرنی والدہ محترمہ کے انتقال کے بعد مدینہ طیبہ تشریف لائے اور حضرت عمر فاروق رضی اللہ عنہ کو اطلاع ملی تو بہت خوش ہوئے، ان سے ملاقات کر کے دعا کی خواہش کی، حضرت اویس قرنی نے سوال کیا کہ آپ اتنے بڑے جلیل القدر صحابی ہو کر مجھ سے دعا کی درخواست کیوں کر رہے ہیں؟ حضرت عمر فاروق رضی اللہ عنہ نے فرمایا کہ نبی اکرم صلی اللہ علیہ وسلم نے مجھے یہ وصیت فرمائی تھی کہ جب قرن سے اویس نام کا ایک شخص تمہارے پاس آئے تو تم ان سے دعا کرانا، اس لیے کہ اس کی دعا عند اللہ مقبول ہو گی۔ یہ سن کر حضرت اویس قرنی رو پڑے کہ یہ دولت مجھے اپنی والدہ کی خدمت کے صلے میں ملی۔ کاش! میری والدہ اور زندہ رہتیں تو مجھے ان کی خدمت کا اور موقع ملتا۔ (مشکوٰۃ: ۵۸۲)

ماں باپ کی خدمت اتنا بڑا کارِ ثواب ہے کہ بعض صحابۂ کرام رضی اللہ عنہم کو جہاد جیسے افضل ترین عمل کے بجائے آپؐ نے والدین کی خدمت کا حکم دیا، اسی لیے حضرات

فقہاء نے لکھا ہے کہ جب ماں باپ خدمت کے محتاج ہوں تو ان کی خدمت دیگر عبادتوں سے مقدم ہو جاتی ہے، لہٰذا اگر مسجد دور ہو اور ماں باپ کشمکش کی زندگی سے دوچار ہوں تو چاہیے کہ گھر میں ہی نماز ادا کر لے، والدین کی خدمت کے صلے میں اس کو مسجد جانے کا ثواب حاصل ہو جائے گا۔

ماں باپ کی خدمت جس قدر اجرِ عظیم کا موجب ہے ان کی نافرمانی بھی اسی قدر گناہ اور ہلاکت کا سبب ہے۔ ایک موقع پر رسول اکرم صلی اللہ علیہ وسلم سے گناہِ کبیرہ کے بارے میں سوال کیا گیا تو فرمایا کہ خدا کے ساتھ شریک کرنا، ماں باپ کی نافرمانی و ایذا رسانی، کسی بندے کو ناحق قتل کرنا اور جھوٹی گواہی دینا۔ (صحیح بخاری) شرک کے بعد والدین کی نافرمانی کا تذکرہ کیا گیا ہے، جس سے معلوم ہوتا ہے کہ والدین کی نافرمانی اور ان کی ایذا رسانی کا گناہ دیگر گناہوں سے بڑھا ہوا ہے۔ آپؐ نے فرمایا بدنصیب ہے وہ شخص جو ماں باپ کو یا دونوں میں سے کسی ایک کو بڑھاپے کی حالت میں پائے پھر ان کی خدمت اور ان کا دل خوش کر کے جنت حاصل نہ کرے۔ (صحیح مسلم بحوالہ مشکوٰۃ:۴۱۸)

ماں باپ دونوں اولاد کے لیے قابل احترام ہیں اور دونوں کی خدمت لازم ہے، مگر ماں کا حق باپ سے تین گنا زیادہ ہے، اس لیے کہ ماں حمل کا بوجھ اٹھاتی ہے، ولادت کی تکلیف و مشقت اور دودھ پلانے کی محنت برداشت کرتی ہے، ان کو اولاد کی پرورش میں زیادہ دشواری ہوتی ہے، اس لیے ان کا حق زیادہ رکھا گیا ہے، چنانچہ حضرت ابوہریرہ رضی اللہ عنہ کا بیان ہے کہ ایک شخص نے کہا یا رسول اللہ! مجھ پر خدمت اور حسن سلوک کا سب سے زیادہ حق کس کا ہے؟ آپؐ نے ارشاد فرمایا کہ تمہاری ماں کا، تین بار آپؐ نے ماں کا تذکرہ کیا، چوتھی مرتبہ فرمایا ثم اباک یعنی تمہارے باپ کا حق تمہارے اوپر لازم ہے۔ (صحیح بخاری و مسلم) حضرات اہل علم نے لکھا ہے کہ دو چیزیں الگ الگ ہیں، ایک

ہے تعظیم اور دوسری ہے خدمت، تعظیم اور اکرام باپ کا زیادہ کیا جائے گا، اس میں باپ کا حق مقدم ہے، البتہ خدمت گذاری، ہدیہ کے لین دین اور مالی امداد میں ماں کو فوقیت دی جائے گی۔ (دیکھئے مظاہر حق جدید: ۵/ ۵۰۰)

ماں باپ کا سایہ عظیم نعمت ہے۔ انہیں محبت کی نظر سے دیکھنا بھی عبادت اور کارِ ثواب ہے۔ ان کی خدمت دنیا و آخرت دونوں جگہ فلاح اور کامیابی کا ذریعہ ہے اور ان کو ناراض کرنا، جھڑکنا، برا بھلا کہنا نہ صرف آخرت بلکہ دنیوی زندگی کے لیے بھی باعثِ ہلاکت ہے۔ احادیثِ مبارکہ میں کثرت سے والدین کی خدمت کے فضائل اور ان کا مقام و مرتبہ بیان کیا گیا ہے، مگر آج کے معاشرہ اور سماج کو دیکھ کر افسوس ہوتا ہے کہ ایک انسان اپنی بیوی اور اپنے بال بچوں کے لیے راحت کے سارے سامان فراہم کرتا ہے، ان کو ایک لمحہ کے لیے پریشان دیکھنا نہیں چاہتا، مگر ماں باپ کو آرام پہنچانے اور ان کے ساتھ حسن سلوک کی کوئی فکر نہیں کی جاتی۔ یورپی ممالک میں Oldage Home (بوڑھے لوگوں کا گھر) کے نام سے ایک عمارت ہوتی ہے، نوجوان اولاد اپنے ماں باپ سے چھٹکارا پانے کے لیے اسی بلڈنگ میں داخل کرا دیتے ہیں، جہاں وہ امید و بیم کی زندگی سے دوچار رہتے ہیں، ان کی نگاہیں اپنی اولاد کو دیکھنے کے لیے ترستی رہتی ہیں، مگر بیٹے اور بیٹیوں کو جا کر ملاقات تک کی فرصت نہیں ہوتی۔ اسلام نے اس کو یکسر پسند نہیں کیا، بلکہ اپنے ہاتھ سے خود خدمت کرنے اور ان کے پاس وقت گذارنے کی ہدایت دی۔ ہندوستان میں بھی والدین کے ساتھ ایسی بدتمیزی بڑھتی جارہی ہے، جس کے سننے سے رونگٹے کھڑے ہو جاتے ہیں۔

برصغیر کے مشہور عالمِ دین مولانا محمد تقی عثمانی نے بیٹا اور باپ کے درمیان پائے جانے والے فرق کو ایک سبق آموز واقعہ سے سمجھایا ہے، جو واقعتاً پڑھنے کے قابل ہے۔

کہتے ہیں کہ "ایک صاحب بوڑھے ہو گئے، انہوں نے بیٹے کو اعلیٰ تعلیم دلا کر فاضل بنایا، ایک دن گھر کے صحن میں باپ بیٹھے ہوئے تھے، اتنے میں ایک کوا گھر کی دیوار پر آکر بیٹھ گیا تو باپ نے بیٹے سے پوچھا کہ بیٹا یہ کیا چیز ہے؟ بیٹے نے کہا ابا جان! یہ کوا ہے۔ تھوڑی دیر کے بعد پھر باپ نے پوچھا بیٹا! یہ کیا چیز ہے؟ اس نے کہا ابا جان! یہ کوا ہے، پھر جب تھوڑی دیر گذر گئی تو باپ نے پوچھا بیٹے! یہ کیا ہے؟ بیٹے نے کہا ابا جان! ابھی تو آپ کو بتایا تھا کہ یہ کوا ہے، تھوڑی دیر گذرنے کے بعد پھر باپ نے پوچھا کہ بیٹا یہ کیا ہے؟ اب بیٹے کے لہوجے میں تبدیلی آگئی اور اس نے جھڑک کر کہا ابا جان! کوا ہے کوا، پھر تھوڑی دیر کے بعد باپ نے پوچھا کہ بیٹا! یہ کیا ہے؟ اب بیٹے سے نہ رہا گیا، اس نے کہا کہ آپ ہر وقت ایک ہی بات پوچھتے رہتے ہیں، ہزار مرتبہ کہہ دیا کہ یہ کوا ہے، آپ کی سمجھ میں نہیں آتی۔ بہر حال اس طرح بیٹے نے باپ کو ڈانٹنا شروع کر دیا۔ تھوڑی دیر کے بعد باپ اپنے کمرے میں اٹھ کر گیا اور ایک پرانی ڈائری نکال کر لایا اور اس ڈائری کا ایک صفحہ کھول کر بیٹے کو دکھاتے ہوئے کہا کہ بیٹا! یہ ذرا پڑھنا، کیا لکھا ہے؟ چنانچہ اس نے پڑھا تو اس میں یہ لکھا تھا کہ آج میرا چھوٹا بیٹا صحن میں بیٹھا ہوا تھا اور میں بھی بیٹھا ہوا تھا، اتنے میں ایک کوا آگیا، تو بیٹے نے مجھ سے ۲۵ مرتبہ پوچھا کہ ابا جان! یہ کیا ہے تو میں نے ۲۵ مرتبہ اس کو جواب دیا کہ بیٹا! یہ کوا ہے اور اس ادا پر بڑا پیار آیا۔ اس کے پڑھنے کے بعد باپ نے کہا بیٹا! دیکھو باپ اور بیٹے میں یہ فرق ہے، جب تم بچے تھے تو تم نے مجھ سے ۲۵ مرتبہ پوچھا اور میں نے ۲۵ مرتبہ بالکل اطمینان سے نہ صرف جواب دیا بلکہ میں نے اس بات کا اظہار کیا کہ مجھے اس کی ادا پر بڑا پیار آیا، آج میں نے تم سے صرف ۵ مرتبہ پوچھا تو تمہیں اتنا غصہ آگیا۔" (اصلاحی خطبات: ۴/ ۶۵-۶۶)

ایک انسان کو اگر بچپن میں کی ہوئی والدین کی محبت یاد رہے تو شاید کبھی ماں باپ

سے دل میں نفرت پیدا نہ ہو، مگر اولاد اور بیوی کی محبت میں لوگ اس طرح محو ہو جاتے ہیں کہ والدین کا سارا مقام انسان کھو بیٹھتا ہے۔ خوش نصیب ہیں وہ لوگ جنہوں نے والدین کی خدمت کرتے ہوئے اپنی زندگی گذاری اور ماں باپ کا انتقال اس حال میں ہوا کہ وہ ان سے راضی تھے۔ جن کے والدین باحیات ہیں ان کے لیے موقع ہے کہ وہ ان کی خدمت کر کے ان کو خوش کر لیں اور جن کے والدین دنیا سے رخصت ہو گئے ان کو چاہیے کہ اپنے ماں باپ کے لیے دعاؤں اور ایصالِ ثواب کا اہتمام کریں، ممکن ہے کہ اس سے ان کی روح کو راحت ملے اور ان کی نافرمانی کے گناہ معاف ہو جائیں۔

***

اولاد کے ساتھ نیک برتاؤ کیجیے!

اپنے حقوق کا دنیا میں ہر انسان کو خیال رہتا ہے مگر غیروں کے ... ؟ دنیا کے تمام طبقات بلکہ معاشرہ کے ہر فرد کا مشترکہ جواب یہ ہے کہ غیروں کا کیا غم اور دوسروں کی کیا فکر، قدرت نے انسانوں کو مال کا حریص بنایا ہے اس کی چھاپ آپ کو ہر جگہ ملے گی غالباً یہی جذبہ اپنی ذات سے وابستہ فرائض کی عدم توجہی میں کار فرما ہوتا ہے، بڑے بڑے خدا ترس، صاحبِ نسبت بزرگ اور بڑے بڑے متقیوں کا تقویٰ وطہارت یہاں آکر دم توڑ دیتی ہے۔ دینی، سماجی، معاشی، معاشرتی ہر موڑ پر آپ کو یہی جھلک محسوس ہوگی، حقوق انسانیت کی پامالی کا ایک عام رواج ہے اور پھر یہیں سے ظلم وزیادتی، عداوت ودشمنی کا چشمہ پھوٹ پڑتا ہے، اللہ تعالیٰ نے ایسے لوگوں کے بارے میں بڑی سخت وعید نازل فرمائی، ارشاد خداوندی ہے "ہلاکت ہے گھٹانے والوں کے لیے کہ جب دوسروں سے لیتے ہیں تو ناپ تول کر لیتے ہیں تو پورا وصول کرتے ہیں اور جب دوسروں کو دیتے ہیں تو کیل یا وزن کر کے اور گھٹا کر دیتے ہیں، کیا یہ نہیں سوچتے کہ کل قیامت میں ان تمام چیزوں کا حساب دینا ہوگا" (مطفّفین / ۵) علامہ قرطبیؒ اس آیت کی تفسیر کرتے ہوئے لکھتے ہیں کہ آیت کا حاصل یہ ہے کہ دوسروں سے اپنا حق وصول کرتے ہیں تو زیادہ لیتے ہیں اور جب دوسروں کو دیتے ہیں تو کم دیتے ہیں، اپنے لیے جو چیز پسند کرتے ہیں وہ غیروں کے لیے پسند نہیں کرتے (قرطبی:۱۹ / ۱۶۵)

بد قسمتی سے ہمارے معاشرے میں یہی تبدیلی پائی جاتی ہے، دیگر تمام شعبہائے

انسانیت کے ساتھ اولاد کے تعلق سے یہ تغیر اور یہ جذبہ نمایاں طور پر اثر انداز ہے، تمام والدین نے پہاڑہ رٹ لیا ہے کہ بچوں پر ان کے حقوق ہیں بالخصوص حضور صلی اللہ علیہ وسلم کا یہ ارشاد کہ "تم اور تمہارا مال باپ کے لیے ہے۔" تمام والدین کے لیے یہ ایک بہترین سند ہے، ماں باپ سمجھتے ہیں کہ بیٹے کی ساری کمائی والدین کی ہے، وہ ہمارا اپنا حق ہے جس کی ادائیگی بیٹے پر ضروری ہے اور یہی تصور بعض دفعہ اولاد کی ناراضگی کا سبب بن جاتا ہے بلکہ بسا اوقات ترک کلام کی نوبت پہنچ جاتی ہے، لیکن شریعت نے ان والدین پر کیا کیا حقوق عائد کیے ہیں اس کا دھندلا سا تصور بھی نہیں آتا یا جان بوجھ کر ان سے پہلو تہی کی جاتی ہے، کہاوت مشہور ہے کہ "روٹی دونوں ہاتھ سے بنتی ہے" والدین بچپن سے اخیر عمر تک اولاد کے سارے حقوق ادا کریں اور بچہ منہ پر طمانچہ مارے ایسا نہیں ہو سکتا ہے، ضرور کہیں نہ کہیں خامی ہے، تعلیم میں، تربیت میں، محبت میں، شفقت میں، بے جا اصرار یا یکطرفہ کوئی فیصلہ کرنے میں، یا اس طرح کی برقی حرارت کو سلب کر لینے والی کوئی چیز وہاں موجود ہے جس بنیاد پر اولاد کے دل و دماغ سے والدین کی محبت چھن گئی ہے اور محبت کے بجائے نفرت کی بیج پائی جاتی ہے۔

میرے کہنے کا مطلب یہ ہرگز نہیں ہے کہ اب نافرمان اولاد سے دنیا پاک ہو چکی ہے، بلاشبہ اولاد بعض نافرمان ہوتے ہیں مگر اکثریت پر اگر غور کیا جائے تو اولاد کے نافرمان ہونے میں والدین کا بڑا دخل ہوتا ہے جس کی طرف عموماً والدین کا خیال نہیں جاتا اور جائے بھی کیسے، رگ و ریشہ کے خون کی طرح ماں باپ کے ذہنوں میں یہ بات پیوست رہتی ہے کہ صرف میرے حقوق ہیں اور اولاد کے حقوق ... یاد نہیں !۔۔ یاد رکھنی چاہیے کہ دنیا میں پائے جانے والے تمام تعلقات طرفین کے پاس و لحاظ پر مبنی ہوتے ہیں اور شریعت نے ہر ایک کی حد بندی کر دی ہے، جس طرح میاں بیوی، بھائی

بہن، استاذ شاگرد، پیری مریدی اور اس طرح کے تمام رشتے ایک دوسرے پر حقوق عائد کرتے ہیں اسی طرح ماں باپ اور بچوں کے درمیان بھی ہر ایک کے دوسرے پر حقوق ہیں، بچوں سے حقوق کی ادائیگی کی امید اسی وقت کی جاسکتی ہے جب کہ سب سے پہلے بچوں کے حقوق کی ادائیگی کا لحاظ رکھا گیا ہو مثلاً:

ولادت کے بعد صحیح تعلیم و تربیت: اولاد کا ماں باپ پر حق ہے کہ اپنی وسعت کے مطابق ان کی اعلی تعلیم و تربیت کا انتظام کریں، معصوم ذہنوں پر جو چھاپ پڑ جاتی ہے وہ کبھی ختم نہیں ہوتی لیکن عموماً والدین اس تعلق سے تساہل اور کوتاہی کے شکار رہتے ہیں، بعض اتنی فکر ضرور کرتے ہیں کہ گاؤں کے کسی مولوی کے پاس بچوں کو پڑھنے کے لیے بھیج دیتے ہیں لیکن اس کے بعد انہیں فرصت نہیں کہ ان کی تعلیم و تربیت کا جائزہ لے، اور جب مکتب سے پاس کر گئے تو کسی عربی مدرسہ میں داخلہ کرانے کے بعد ہمیشہ کے لیے مطمئن ہو جاتے ہیں ایسا محسوس ہوتا ہے کہ انہیں پیدا کرنے کے علاوہ کسی اور چیز سے دلچسپی نہیں، ظاہر ہے ایسی لاپرواہی کے اثرات اولاد کے مستقبل میں غلط مرتب ہوں گے جس کا خمیازہ والدین کو بعد میں بھگتنا پڑتا ہے۔

اسی طرح اگر تعلیم کا انتظام کیا گیا تو تربیت پر توجہ نہیں ہوتی لڑکا ہو یا لڑکی لمبی رات تک گھر سے باہر رہنے کی پرواہ ہے نہ ان کی غلط صحبتوں کی فکر، بچپن سے کنٹرول کا خیال نہیں کیا جاتا ہے تو بعد میں عدم کنٹرول کے شکوہ سے کیا فائدہ وہ لازمی نتیجہ ہے، جو ہر حال میں مرتب ہوگا، بعض والدین ایسے بھی ہوتے ہیں کہ بچہ کے ہوش سنبھالنے کے بعد حصول دنیا کا ذریعہ اسے بنالیتے ہیں، ہوٹلوں، دکانوں، کارخانوں میں کسی معمولی کام پر لگا کر متعینہ روپے وصول کرتے ہیں بلکہ بسا اوقات بچوں کو پتے، کاغذ، پلاسٹک چننے پر اور بعض کو بھیک مانگنے پر مجبور کرتے ہیں، وہ بچہ جو اپنے اندر فقیہ، محدث، مفسر، انجینئر،

ایڈوکیٹ اور بہترین اعلی تعلیم حاصل کرنے کی صلاحیت رکھتا تھا، یکلخت ساری صلاحیتیں مٹ جاتی ہیں جو یقیناً ان کے والدین اور پوری امت مسلمہ کے لیے لمحہ فکریہ ہے۔

اولاد کی صحیح پرورش و پرداخت: اسی طرح اپنی اولاد کی صحیح پرورش بھی ضروری ہے، نہ تو ان کی تمام خواہشات کی تکمیل کی جائے اور نہ ہی بقدر ضرورت خرچ کرنے سے نظر بچانی چاہیے بلکہ اعتدال اور میانہ روی کو ملحوظ رکھتے ہوئے اولاد کی ضروری ضرورتوں کی تکمیل والدین کی ذمہ داری ہے، ورنہ بچہ مجبور ہو کر بد معاشی، لوٹ کھسوٹ، ظلم و زیادتی اور دوسروں کے سامنے ہاتھ پھیلانے پر مجبور ہو جائے گا، اور پھر یہیں سے جرائم کا آغاز ہو جاتا ہے جو بعد میں والدین کی بدنامی اور مستقل دردسر کا سبب بنتا ہے، یہی وجہ ہے کہ نبی رحمت صلی اللہ علیہ وسلم نے ایک موقعہ پر حضرت ثوبانؓ سے ارشاد فرمایا کہ "وہ دینار جو تم اپنے اہل وعیال پر خرچ کرو، مسکین کو دینے اور فی سبیل اللہ خرچ کرنے سے زیادہ بہتر ہے" ایک حدیث میں یہ بھی ہے کہ آپ صلی اللہ علیہ وسلم نے فرمایا کہ "جب تم صدقہ کرنا چاہو تو سب سے پہلے اپنے اہل وعیال یا ان لوگوں سے شروع کرو جن کا نان نفقہ تمہارے ذمہ لازم ہے" (مشکوۃ: ۱۷۰) اگرچہ یہاں صدقہ سے مراد صدقہ نافلہ ہے لیکن حضور صلی اللہ علیہ وسلم کی اس قدر تاکید تمام حساس والدین کے ذہن و دماغ کو جھنجھوڑنے کے لیے کافی ہے کہ اس کے بعد ٹال مٹول کی کوئی گنجائش باقی نہیں رہتی۔

محبت میں کمی زیادتی: ایک محبت تو قلبی ہوتی ہے جس میں انسان کا امتیاز نہیں ہوتا، یہ قابل مؤاخذہ ہے نہ قابل ملامت، لیکن بعض والدین اپنے بچوں میں سے بعض کو جان بوجھ کر فضیلت دیتے ہیں، ہدیہ تحائف، روپے پیسے، خوشی غمی یا اس طرح کے دیگر تمام مواقع پر کسی ایک کو خاص کر لیا جاتا ہے گویا وہی مطمح نظر بھی ہے اور منظور نظر بھی ہے، یہ کیفیت دیگر اولاد کے ذہنوں سے رفتہ رفتہ والدین کی محبت کو ختم کر ڈالتی ہے اور نفرت

وعداوت شروع ہو جاتی ہے جنہیں والدین نافرمان اولاد کے نام سے یاد کرتے ہیں حالانکہ یہ ان کی ہی کرشمہ سازی اور خود ساختہ فعل ہے جس کا اب کوئی علاج نہیں ہے، مسلم شریف کی حدیث ہے روایت کرنے والے حضرت نعمان بن بشیرؓ ہیں، فرماتے ہیں کہ "میرے باپ نے خاص طور پر مجھے کچھ جائداد عطا کی، میری ماں عمرہ بنت رواحہ نے کہا کہ میں اس پر راضی نہیں ہوں گی جب تک حضور صلی اللہ علیہ وسلم کو اس پر گواہ نہ بنا دیں" مجھے حضور صلی اللہ علیہ وسلم کے پاس لے گئے تو آپ صلی اللہ علیہ وسلم نے فرمایا کہ "کیا اس طرح عطائیں تمام اولاد کے ساتھ کی ہیں" جواب دیا نہیں! آپ صلی اللہ علیہ وسلم نے ارشاد فرمایا، "اللہ سے ڈرو اور اپنی تمام اولاد میں عدل و انصاف قائم کرو" ایک روایت میں ہے کہ "یہ دوسرے بچوں پر ظلم ہے اور مجھے ظلم پر گواہ مت بناؤ" (مسلم: ۲/۷/۳) امام نوویؒ کے بقول حضرت طاؤس عروہ، مجاہد، سفیان ثوری، امام احمد اور امام اسحٰق کا مذہب یہ ہے کہ اولاد کے درمیان اس طرح کی ناانصافی حرام ہے۔ (مسلم: ۲/۷/۳)

شادی میں احتیاط: عموماً سن بلوغ تک پہنچنے کے بعد انسانی فطرت کے پس منظر میں اولاد کو شادی کی ضرورت محسوس ہوتی ہے لیکن حیا اس کے اظہار میں رکاوٹ بنتی ہے، ماں باپ کو ایسے وقت فوری طور پر شادی کا بندوبست کرنا چاہیے تاکہ غیروں کی طرف نگاہ نہ اٹھے اور گناہوں سے محفوظ رہ سکیں، احادیث میں بھی اس کی بڑی تاکید آئی ہے مگر بعض ماں باپ صرف اس لیے شادی نہیں کراتے کہ بیٹے سے آنے والی آمدنی رک جائے گی یا اس میں کچھ کمی آجائے گی، یہ تو ظاہر ہے کہ شادی کے بعد ضروریات میں غیر معمولی اضافہ ہوتا ہے، اپنی ضرورت کے ساتھ بیوی کی خواہشات کا لحاظ رکھا جاتا ہے جس کی وجہ سے آمدنی منقسم ہو جاتی ہے لیکن کیا صرف اس کی وجہ سے شادی میں تاخیر کی شرعاً کوئی گنجائش ہے؟ اس کے بعد نتیجہ بھی برعکس ہوتا ہے، جنسی خواہشات کی تکمیل کے لیے یا تو

غلط راہ پر چل پڑتا ہے یا از خود (کورٹ میرج) کی نوبت آ جاتی ہے اور پھر وہیں سے ماں باپ سے علیحدہ ہو کر الگ زندگی گذارنے پر مجبور ہو جاتے ہیں، اگر اولاد کے تمام حقوق کا خیال رکھا جائے تو کافی حد تک اولاد کی نافرمانی پر قابو پانے کی امید کی جاسکتی ہے بلکہ اگر تجربات و مشاہدات کے بل بوتے پر کچھ کہنے کی اجازت دی جائے تو بالیقین یہ کہا جاسکتا ہے کہ ایسے بچے والدین کی عزت و توقیر ہی نہیں بلکہ والدین کی محبت ان کے رگ وریشہ میں سما جاتی ہے، ورنہ اولاد کے حقوق ادا کیے بغیر پھر اولاد سے یہ امید ہی کیوں؟

***

میاں بیوی -- آپس میں کیسے رہیں؟

عام طور پر میاں بیوی کا تعلق دو اجنبی خاندانوں سے ہوتا ہے، مگر نکاح کے بعد دونوں ایک دوسرے کے اس طرح رفیق بن جاتے ہیں کہ موت سے پہلے جدائی کا تصور نہیں رہتا، رفاقت اور تعلقات تو دنیا میں بہت پائے جاتے ہیں مگر ازدواجی زندگی کی رفاقت اور محبت بے مثال ہوتی ہے، میاں بیوی میں سے ہر فرد ایک دوسرے کے لیے اپنی جان نچھاور کر دیتا ہے۔ خوشی اور غم، راحت اور مشقت یعنی زندگی کے ہر موڑ پر دونوں شریک رہتے ہیں۔ یہ ایک خاص نوعیت کا تعلق ہے، جس سے عظیم منافع اور مصالح وابستہ ہوتے ہیں، اس لیے اسلام نے شوہر اور بیوی کے درمیان پائی جانے والی رفاقت کو بڑی اہمیت دی ہے، دونوں کے لیے الگ الگ اصول اور ہدایات جاری کی گئی ہیں کہ جب تک دونوں اپنے فرائض خوش دلی سے پورا کرتے رہیں گے ازدواجی زندگی خوشگوار گذرے گی اور کبھی آپس میں رنج کا ماحول پیدا نہیں ہوگا۔

اس سے تو تقریباً سب کا اتفاق ہے کہ شادی اور نکاح کا جہاں ایک غرض پاکیزہ زندگی کا حصول ہے وہیں اس کا اہم مقصد زندگی کو خوشگوار اور پُر لطف بنانا ہے، زندگی کی بعض مسرتیں اور راحتیں ایسی ہوتی ہیں جو ازدواجی بندھن سے جُڑے بغیر حاصل نہیں ہوتیں، اس لیے تنہائی کے عذاب سے بچتے ہوئے ایک بہتر اور بامقصد زندگی کے لیے میاں بیوی عقد کرتے ہیں، جس سے مسرت وشادمانی کا ماحول قائم ہوتا ہے اور پُر لطف فضا کی تعمیر ہوتی ہے۔ یہ خوشی اس وقت باقی رہتی ہے جب کہ دونوں اس کی فکر کریں،

آپس میں پیار و محبت کی بقاء کے لیے دونوں کی کوشش ہونی چاہیے، دونوں ایک دوسرے کے حقوق اور جذبات کا احترام کریں، صرف شوہر یا صرف بیوی کے چاہنے سے زندگی پُر لطف نہیں ہوتی جب تک باہمی کوشش اور جدوجہد نہ کی جائے، شوہر کا کام ہے کہ گھر سے باہر کے تمام امور بحسن وخوبی انجام دے، بہتر معاش تلاش کرے اور اپنی محنت سے بیوی اور بچوں کو راحت اور آرام پہنچانے کی فکر کرے، بیوی میں اگر کوئی عیب ہو تو اسے نظر انداز کر دے، کسی بات پر غصہ آئے تو معاف کر دینا چاہیے، اپنی بیوی کی خرابی یا کسی عیب کا دوسروں کے سامنے ہرگز اظہار نہیں کرنا چاہیے اور یہ جاننا چاہیے کہ دنیا میں کوئی بھی انسان بے عیب نہیں ہے، ہر ایک میں کچھ اچھے اوصاف بھی ہوتے ہیں اور کچھ برے بھی، اسی طرح بیوی کے رشتہ داروں کے ساتھ حسن سلوک کا معاملہ کرنا چاہیے، اس لیے کہ جس طرح مردوں کی خواہش ہوتی ہے کہ ان کے رشتہ داروں کے ساتھ ان کی بیوی اچھا معاملہ کرے اسی طرح عورتوں کے لیے بھی ان کے رشتہ دار قابل احترام ہیں ۔ بیوی کے ماں باپ، بھائی بہن اور دیگر رشتہ داروں کے ساتھ بہتر بات چیت، اچھے اخلاق اور حسن سلوک کرنے سے بیوی کو خوشی ہو گی، شوہر کے تئیں اس کے دل میں محبت پیدا ہو گی اور تعلقات مستحکم ہوں گے۔

بیوی کو بھی چاہیے کہ شوہر کی اطاعت و فرمانبرداری کرے، اس کی دولت، مال و جائداد اور ساری ملکیت کی حفاظت کرے۔ اسے سوچنا چاہیے کہ شوہر کس طرح مال و دولت جمع کرنے میں اپنا پسینہ بہا رہا ہے، یہ ساری محنت تو بیوی بچوں کو آرام پہنچانے کے لیے ہی کر رہا ہے۔ اگر بیوی نے مال کی حفاظت نہیں کی تو گھر میں کبھی برکت نہیں ہو گی اور نہ ہی آرام میسر ہو گا۔ امورِ خانہ داری سے متعلق تمام امور کا ذمہ دار عورتوں کو بنایا گیا ہے۔ بچوں کی ابتدائی اخلاقی تربیت بھی ان ہی کے ذمہ میں ہے۔ بیوی کا کردار اور انداز

اس طرح ہو کہ شوہر دیکھ کر خوش ہو جائے۔ رسول اکرم صلی اللہ علیہ وسلم سے ایک مرتبہ پوچھا گیا کہ کون سی بیوی بہتر ہے؟ آپؐ نے فرمایا: شوہر جب اس کو دیکھے تو وہ اسے خوش کر دے، جب وہ اسے حکم دے تو اس کی اطاعت کرے، اس کے مال اور اپنی عصمت کے معاملہ میں وہ ایسا رویہ اختیار نہ کرے جو شوہر کو ناگوار ہو۔ (نسائی، کتاب النکاح)

یہ حقیقت ہے کہ کسی بات پر جب میاں بیوی میں رنجش ہو جائے اور یہ سلسلہ تا دیر باقی رہے تو زندگی کا سکون ختم ہو جاتا ہے اور دونوں کا مستقبل بد سے بدتر ہو جاتا ہے، ایسے وقت راحت و آرام کے ہزار سامان بھی خرید لیے جائیں گھر میں خوشی کا ماحول پیدا نہیں ہو گا، وہ گھر جہنم کدہ تو بن سکتا ہے کبھی جنت کا نشان نہیں بن سکتا، ساتھ ہی میاں بیوی کے آپس کے جھگڑوں اور رنجشوں کے برے اثرات بچوں پر مرتب ہوتے ہیں، ان کا ذہن ویسے ہی پروان چڑھتا ہے اور ان کی زندگی بھی ویران ہو جاتی ہے۔ ایسے ماں باپ کی عظمت کبھی دلوں میں پیدا نہیں ہوتی، ہر طرف نفرت کا ایک ماحول ہوتا ہے، اس لیے زوجین کو ہمیشہ آپس میں پیار و محبت کی زندگی گذارنے کی کوشش کرنی چاہیے۔ اگر کبھی رنجش ہو جائے تو اسے جتنا جلد ہو سکے دور کرنے کی فکر کی جائے۔

عام طور پر میاں بیوی میں تلخی اس وقت پیدا ہوتی ہے جب ایک دوسرے کے مزاج کی رعایت نہیں کرتا، مزاج شناسی اور موقع شناسی سے بہت سے مسائل حل ہو جاتے ہیں۔ جہاں تک ہو سکے شوہر بیوی کی عادات و اطوار اور مزاج کی رعایت کرے اور بیوی اپنے شوہر کے مزاج کو پہچان کر کام انجام دے، اسی طرح ہر ایک کے حدود متعین ہیں، عورت امورِ خانہ داری اور بچوں کی تربیت و حفاظت کی ذمہ دار ہے تو مرد ان کی ضرورتوں کو پورا کرنے کے لیے کسبِ معاش کا ذمہ دار ہے، عورت کے ذمہ مرد کی

خدمت واطاعت ہے تو مرد کے ذمہ اس کا مہر اور نفقہ یعنی تمام ضروری اخراجات کا انتظام ہے۔ یہ تقسیم تخلیقی حکمت پر مبنی اور قدرت کی جانب سے ہے۔ ان ہی حدود میں رہتے ہوئے اگر زندگی گذاری جائے تو محبت میں شکن نہیں آئے گی، لیکن جب دونوں ایک دوسرے کے کام میں دخل اندازی کرنے لگتے ہیں تو اختلاف پیدا ہوتا ہے۔ ہاں! مشورہ الگ چیز ہے، اس سے منع نہیں بلکہ میاں بیوی کو آپسی مشورے سے ہی کوئی کام کرنا چاہیے مگر دخل اندازی بہتر نہیں ہے اور یہ اس وقت ہوگا جب کہ ایک دوسرے کے رفیق بن کر زندگی گذاری جائے، ہر ایک کے دل میں دوسرے کے تئیں محبت اور احترام ہو، آپس میں حاکمانہ رویہ اختیار نہ کیا جائے، کبھی شوہر سوچنے لگے کہ میں مرد ہوں، حاکم ہوں، مختار ہوں، آزاد ہوں، علم والا ہوں، دولت مند ہوں، سرمایہ دار ہوں، صاحبِ حیثیت اور محترم ہوں، ہزار خوبیاں میرے اندر ہیں، میری بیوی کو چاہیے کہ وہ ہمیشہ محتاج اور نوکرانی بن کر زندگی گذارے، میری اجازت کے بغیر کوئی حرکت نہ ہو، اسی طرح بیوی اپنے حسن وجمال، علم، اپنے ماں باپ کی دولت اور میکے کے اسباب ووسائل پر ناز کرنے لگے اور شوہر کا کوئی مقام ورتبہ دل میں نہ ہو، خدمت واطاعت کو اپنی ذلت کا باعث سمجھے تو ایسے میاں بیوی میں اختلاف کا پیدا ہونا یقینی ہے اور جب تک دل سے یہ سب شیطانی وسوسے نہیں نکلیں گے اختلاف میں شدت ہوتی جائے گی اور اتحاد کا ماحول کبھی قائم نہیں ہوگا۔ وہ میاں بیوی کتنے خوش نصیب ہیں جن کی زندگی بھر ایک دوسرے سے الفت ومحبت قائم رہے اور موت آئے تو دونوں کے درمیان پیار کا ماحول ہو اور دونوں خوشگوار زندگی گذارتے ہوئے دنیا سے رخصت ہوجائیں۔

سورہ نساء آیت ۳۴ میں اللہ تعالیٰ نے ارشاد فرمایا: اَلرِّجَالُ قَوّٰامُوْنَ عَلَى النِّسَاءِ بِمَا فَضَّلَ اللّٰہُ بَعْضَہُمْ عَلٰی بَعْضٍ وَّ بِمَا اَنْفَقُوْا مِنْ اَمْوَالِہِمْ۔ "مرد حاکم ہیں عورتوں پر اس وجہ سے

کہ اللہ تعالیٰ نے بعضوں کو (یعنی مردوں کو) بعضوں پر (عورتوں پر) قدرتی فضیلت دی اور اس وجہ سے کہ مردوں نے عورتوں پر اپنے مال میں سے (مہر اور نان نفقہ) کے لیے خرچ کیے ہیں۔" اس آیت میں اللہ تعالیٰ نے مردوں کو سربراہ اور گھر کا عمومی ذمہ دار قرار دیا ہے، جو عین مقتضائے حکمت ہے، کوئی بھی نظام بغیر امیر اور ذمہ دار کے نہیں چلا کرتا، اس لیے گھر کے انتظام و انصرام اور آپسی مسائل کو حل کرنے کا ذمہ دار مردوں کو مقرر کیا گیا، اس لیے کہ ان میں فطری طور پر یہ صلاحیتیں پائی جاتی ہیں عورتوں میں اس کی اہلیت نہیں، جس سے معلوم ہوتا ہے کہ قوامیت اور ذمہ دارانہ حیثیت سے مردوں کو عورتوں پر فضیلت اور برتری حاصل ہے۔ سورہ بقرہ آیت ۲۲۸ میں آپسی حقوق میں مماثلت قرار دیتے ہوئے شوہروں کے ایک درجہ فضیلت کا اعلان کیا گیا ہے، لیکن ساتھ ہی مردوں کو ہدایت دی گئی کہ یہ محض نظامِ زندگی کو بہتر بنانے اور آپسی رہن سہن میں ترتیب باقی رکھنے کے لیے ایک کو دوسرے پر فوقیت دی گئی ہے۔ اس سے غلط فائدہ نہ اٹھایا جائے اور بیویوں کے ساتھ ظالمانہ سلوک نہ کیا جائے، تاہم اس سے انکار نہیں کہ عورتوں کا سرتاج اور سربراہ ان کے شوہر ہیں۔ عورتوں کو چاہیے کہ وہ شوہر کی بات مانیں اور بیوی ہونے کی حیثیت سے ان کی جو مخصوص ذمہ داریاں ہیں ان کی ادائیگی میں کوتاہی نہ کریں۔

حضرت انس رضی اللہ عنہ سے روایت ہے کہ رسول اکرم صلی اللہ علیہ وسلم نے ارشاد فرمایا: عورت جب پانچوں وقت کی نماز پڑھے اور ماہِ رمضان کے روزے رکھے اور اپنی شرم و آبرو کی حفاظت کرے اور شوہر کی فرماں بردار رہے تو پھر اسے حق ہے کہ وہ جنت کے جس دروازے سے چاہے اس میں داخل ہو۔ امام ترمذیؒ نے حضرت امّ سلمہ رضی اللہ عنہا کا بیان نقل کیا ہے کہ آپؐ نے ارشاد فرمایا کہ جو عورت اس حالت میں دنیا

سے جائے کہ اس کا شوہر اس سے راضی اور خوش ہو تو وہ جنت میں جائے گی۔ ایک دوسری حدیث میں یہ بھی ہے کہ رسول اکرم صلی اللہ علیہ وسلم نے شوہروں کا مقام بیان کرتے ہوئے فرمایا کہ اگر میں کسی کو کسی مخلوق کے لیے سجدے کا حکم دیتا تو عورت کو کہتا کہ وہ اپنے شوہر کو سجدہ کرے۔ (ترمذی) اس طرح کی متعدد روایات ہیں، جن میں بڑے بلیغ اور مؤثر انداز میں عورتوں کو اپنے شوہروں کی خدمت، اطاعت اور اپنے آپ کو ان کے لیے نچھاور کر دینے کی ترغیب دی گئی ہے، لیکن افسوس ہوتا ہے کہ بسا اوقات عورتیں اپنے شوہروں کی معصومیت سے فائدہ اٹھاتے ہوئے ان کے ساتھ ظالمانہ رویہ اختیار کرتی ہیں، شوہروں کو لعن طعن، ان کی شکوہ شکایت اور گالی گلوج تک کی نوبت آ جاتی ہے، کبھی کبھی مردوں کے خلاف بیوی سرکاری عدالتوں میں مقدمات لے جاتی ہے اور بے جا ان کو پریشان کرتی ہے، جو یقیناً سماج کے لیے لمحۂ فکریہ ہے۔ یہ وہی عورتیں ہیں جن کے دلوں میں شوہروں کا کوئی مقام نہیں ہوتا، جن کے لیے ارشاداتِ رسول کی کوئی حقیقت نہیں، یا جن کو آخرت کا کوئی خوف اور جواب دہی کا احساس نہیں ہے۔

اسلام نے مردوں کو خاص طور پر اپنے غیظ و غضب پر قابو پانے کی تلقین کی ہے۔ گنوار اور ناواقف لوگوں کی طرح ہر بات پر بیوی پر غصہ اور مار پیٹ سے دور رہنے کا حکم دیا گیا ہے۔ حضرت ابوہریرہ رضی اللہ عنہ سے روایت ہے کہ رسول اللہ صلی اللہ علیہ وسلم نے فرمایا کہ مسلمانوں میں زیادہ کامل ایمان والا وہ ہیں جن کے اخلاق بہتر ہیں اور تم میں اچھے اور خیر کے زیادہ حامل وہ ہیں جو اپنی بیویوں کے حق میں اچھے ہیں۔ ایک موقع پر آپؐ نے فرمایا: خَيْرُ كُمْ خَيْرُ كُمْ لِاَهْلِهٖ وَاَنَا خَيْرُ كُمْ لِاَهْلِي۔ (ابن ماجہ) یعنی وہ آدمی تم میں زیادہ اچھا اور بھلا ہے جو اپنی بیوی کے حق میں اچھا ہو اور میں اپنی بیویوں کے لیے بہت اچھا ہوں۔ آپؐ نے اچھائی اور بھلائی کا خاص معیار اور علامت بیوی کے ساتھ اچھا برتاؤ کرنے کو

قرار دیا، ساتھ ہی اپنی مثال پیش فرمائی کہ میں اپنی ازواج کے ساتھ بہتر معاملہ کرتا ہوں ۔ساری امت کے لیے آپؐ کا عمل نمونہ ہے، سارے اوصاف اور ساری عزتوں کے حامل رسول اکرم صلی اللہ علیہ وسلم نے جب اپنی پاک بیویوں کے ساتھ دلداری، دلجوئی اور حسن سلوک کا معاملہ فرمایا اور کبھی ایسی بات نہ ہوئی جس سے آپس میں نفرت پیدا ہو، تو عام مسلمانوں کو بھی چاہیے کہ زندگی بھر کی ساتھی یعنی بیوی کے ساتھ اچھا معاملہ کریں، ان کے ساتھ محبت سے پیش آئیں، ان کے حقوق ادا کریں۔ غرض میاں بیوی جب دونوں اپنے حدود میں رہتے ہوئے ایک دوسرے کے حقوق ادا کریں گے تو خوشگوار زندگی گذرے گی اور اگر کہیں سے بھی کمی ہوئی تو کشمکش اور خانہ جنگی شروع ہو جائے گی، جو دین و دنیا دونوں کے لیے ہلاکت کا باعث ہے۔ آج پورا سماج میاں بیوی کے جھگڑوں سے بھرا ہوا ہے، عدالتوں میں بیشتر مقدمات کا تعلق میاں بیوی سے ہے۔ ضرورت ہے کہ آپس میں احترام اور محبت کا ماحول پیدا کریں، تاکہ زندگی کی صحیح مسرت حاصل ہو سکے۔

***

عورتوں پر ظلم نہ کیجیے

اسلام نے تمام مخلوق کے ساتھ ہمدردی اور نیک برتاؤ کا حکم دیا ہے۔ مسلمان ہو یا کافر، مرد ہو یا عورت، بچہ ہو یا بوڑھا، مالدار ہو یا غریب، ہر سطح کا انسان اللہ تعالیٰ کی نظر میں محبوب اور پسندیدہ ہے۔ اس کے ساتھ ظلم، ناانصافی، بے مروّتی اور ایذارسانی کا عمل انتہائی مذموم اور موجب غضبِ الٰہی ہے۔ رسولِ اکرم صلی اللہ علیہ وسلم نے ارشاد فرمایا: "ساری مخلوق اللہ کی عیال ہے، لہٰذا اللہ کے نزدیک سب سے پیارا بندہ وہ ہے جو اللہ کی مخلوق کے ساتھ اچھے اخلاق سے پیش آئے۔" مخلوق (اللہ کی پیدا کی ہوئی چیز) میں انسان کے علاوہ جاندار اور غیر جاندار چیزیں بھی داخل ہیں۔ ان تمام کے ساتھ حسن سلوک کی تاکید کی گئی ہے، چنانچہ اسلام میں یہ ناپسندیدہ ہے کہ ہرے بھرے درخت، پیڑ پودوں کو بھی بلاوجہ اکھاڑا جائے یا اس کی ٹہنیوں کو تراشا جائے، بے زبان جانور کو ستانے اور تکلیف دینے پر بھی سخت وعید سنائی گئی ہے۔ ظاہر ہے کہ اللہ تعالیٰ نے انہیں زندگی عطا کی ہے، مگر وہ انسان کے خدمت گذار اور تابع ہیں۔ اگر انہیں کوئی مارنا چاہے، بھوک اور پیاس سے تڑپانا چاہے تو انسان کو یہ قدرت بھی حاصل ہے، تاہم ان جانوروں کی آہیں آسمان تک پہنچتی ہیں اور بندوں کے مستقبل کو ویران کر دیتی ہیں اور انہیں یہ نہیں معلوم کہ یہ تباہی ہمارے کس عمل کا نتیجہ ہے۔

حضرت حکیم الامت مولانا اشرف علی تھانویؒ کے خاص خلیفہ حضرت ڈاکٹر عبدالحیؒ کے بیان کے مطابق ایک دن پیرانی صاحبہ (حضرت تھانویؒ کی بیوی) نے حضرت حکیم

الامتؒ سے عرض کیا کہ کل میں ایک رشتہ داری میں جارہی ہوں، آپ میری مرغیوں کو آٹھ بجے کھول دیجیے اور تھوڑا سا دانہ دے دیجیے اور پانی پلا دیجیے۔ اب حکیم الامتؒ ڈیڑھ ہزار کتابوں کے مصنف، وہ کیا جانیں مرغیوں کو کھولنا، دانہ پانی دینا، حضرت بھول گئے، خانقاہ میں آگئے۔ اندازاً ساٹھ خطوط روزانہ آتے تھے، ان میں بڑے بڑے علماء کے خطوط ہوتے تھے، اب جواب لکھنا چاہتے ہیں تو کوئی جواب نہیں آتا، تفسیر "بیان القرآن" لکھنا چاہتے ہیں تو کوئی مضمون نہیں آتا، قلم رک گیا، دل میں اندھیرا آرہا ہے، پھر اللہ سے روئے کہ اے اللہ! اشرف علی سے کیا غلطی ہوگئی، آپ مجھے اس پر تنبہ فرمادیں تاکہ میں اس سے توبہ کرلوں۔ دل میں آواز آئی کہ "اے اشرف علی! تم نے میری ایک مخلوق کو بند کر رکھا ہے، مرغیاں گھبرا رہی ہیں، آٹھ کے بجائے نو بج چکے ہیں، ایک گھنٹہ سے وہ بے چین ہیں، میری ایک مخلوق تمہاری وجہ سے تکلیف میں ہے، پھر تم کو علوم کیسے دیے جائیں۔ ایسی حالت میں تم سے سرکاری کام کیسے لیا جائے گا، جاؤ جلدی سے مرغیوں کو کھولو۔" حضرت دوڑے، خانقاہ سے جاکر تمام مرغیوں کو کھولا اور جلدی سے دانہ دیا اور پانی پلایا اور جب لوٹ کر آئے تو سارے علوم پھر جاری ہوگئے۔ (حقوق النساء:۲۶)

مرغیوں کو تکلیف، پہنچ جانے سے جب فیضانِ رحمت کا سلسلہ رک گیا تو انسانوں اور اللہ کے نیک بندوں کو ستانے اور تکلیف پہنچانے سے کس قدر اللہ کا غضب نازل ہوگا، خاص طور پر ان لوگوں کو سوچنا چاہیے جو بات بات پر اپنی بیویوں کو گالی گلوج، مار پیٹ اور اس سے بھی آگے بڑھ کر ظلم کی مختلف صورتیں اختیار کرتے ہیں۔ عورتوں کو اللہ تعالیٰ نے مرد کے تابع بنایا ہے، مگر اس کے ساتھ حسن معاشرت، نیک برتاؤ اور حسن سلوک کی تاکید کی گئی ہے۔ ارشادِ باری ہے: وَعَاشِرُوْهُنَّ بِالْمَعْرُوْفِ "اور بیویوں کے ساتھ خوش اسلوبی سے گذر بسر کیا کرو۔" (سورۃ النسائ، آیت:۱۹) خوش اسلوبی اور معروف طریقہ

زندگی گذارنے میں کئی چیزیں داخل ہیں، مثلاً مکمل مہر ادا کرنا، اپنی حیثیت کے مطابق نان ونفقہ دینا، بلا کسی وجہ مارنے اور تیور چڑھانے سے پرہیز کرنا، گالی گلوج، تکلیف دہ گفتگو اور ترش زبان سے پیش نہ آنا، اپنی بیوی کے علاوہ دوسری عورتوں کی طرف مائل نہ ہونا اور ان کے علاوہ تمام حرکتیں جو بیوی کے لیے باعثِ اذیت بنیں ان سے اجتناب کرنا چاہیے۔

حضرت عکرمہؒ کا قول علامہ سیوطیؒ نے اس آیت کی تفسیر میں نقل کیا ہے کہ حسن معاشرت سے مراد اچھی صحبت (رہن سہن)، اچھا لباس اور اچھا کھانا فراہم کرنا ہے۔ (الدر المنثور: ۲ / ۴۶۵) واضح رہے کہ اچھا لباس اور اچھا کھانا میں مرد کی حیثیت معتبر ہو گی۔ اگر شوہر کی آمدنی کم ہے تو معیاری اور اعلیٰ طرز کے کھانے کپڑے کا مطالبہ بیوی کی جانب سے درست نہیں ہے۔ اسی طرح اگر آمدنی زیادہ ہو تو شوہر کے لیے جائز نہیں ہے کہ کھانا، کپڑا اور دیگر معاملات میں تنگی پیدا کرے، بلکہ عرفِ عام میں اس حیثیت کے لوگوں کے کھانے اور رہنے سہنے کا جو طرز ہوتا ہے اسے اختیار کیا جائے اور اعتدال و توازن کے ساتھ بیوی کو خوش رکھنے کی ترکیب و تدبیر پر عمل کرنا چاہیے۔

حکیم الامت مولانا اشرف علی تھانویؒ نے "کمالاتِ اشرفیہ" میں ایک حق بیویوں کا یہ بھی لکھا ہے کہ ہر ماہ ان کو کچھ جیب خرچ دے دو اور پھر اس کا حساب نہ لو کہ تم نے کہاں خرچ کیا۔ اللہ نے جس کو جتنا دیا ہے اسی اعتبار سے کچھ ماہانہ مقرر کر دیں، اگر دس ہزار روپے کی آمدنی ہے تو ایک روپیہ مٹ پکڑائیے، پچاس یا سو روپے دے دیجیے بلکہ زیادہ دیجیے اور دے کر بھول جائیے اور اس سے کہہ دیجیے کہ تم کو اختیار ہے جہاں چاہو خرچ کرو، اس کا میں کوئی حساب نہیں لوں گا۔ یہ ماہانہ جیب خرچ اس کا حق ہے، کیوں کہ وہ مجبور ہے، کما نہیں سکتی، اس کا جی چاہتا ہے کہ میرا بھائی آیا ہے، غریب ہے اس کو ہدیہ

دے دوں، اگر اس کے پاس کچھ نہ ہو گا تو کہاں سے دے گی، اس لیے اس کے جذبات و خواہشات کی رعایت ہے، ساری زندگی آپ کے ساتھ پابند ہے، رفیقۂ حیات ہے، آپ کے دروازہ سے باہر نہیں جاسکتی، ساری زندگی تمہارا ساتھ دی رہی ہے، اس لیے ہر طرح سے اس کی راحت و آرام کی رعایت ضروری ہے۔ (حقوق النساء: ۵۰)

"ریاض الصالحین" احادیثِ نبویؐ کا اہم اور منتخب مجموعہ ہے۔ اس میں "عورتوں کے ساتھ حسن سلوک" کے تحت عورتوں کے حقوق کا ذکر ہے کہ رسول اکرم صلی اللہ علیہ وسلم نے حجۃ الوداع میں اللہ تعالیٰ کی تعریف اور ثنا بیان کی اور فرمایا کہ عورتوں کے ساتھ بھلائی کرو، وہ تمہارے یہاں بطورِ قیدی کے ہیں، اس کے سوا تم ان کی کسی چیز کے مالک نہیں، اگر وہ غلطی کر بیٹھیں تو ان سے الگ رہو اور ان کو ایسا مارو کہ ان کو تکلیف نہ ہو، پس اگر وہ مان لیں تو ان پر کوئی تکلیف نہ ڈالو اور سن لو کہ تمہاری بیویوں پر تمہارا حق ہے اور تمہاری بیویوں کا تم پر حق ہے۔ تمہارا ان پر حق یہ ہے کہ تمہارے بستروں پر ان کو نہ بٹھائیں جن کو تم ناپسند کرتے ہو اور تمہارے گھروں میں ان کو نہ بلائیں جن کا آنا تمہیں ناپسند ہو اور تم پر ان کا حق یہ ہے کہ ان کے کھلانے پلانے میں بھلائی کرو۔" ایک دوسری حدیث میں حضرت معاویہ بن حیدہ رضی اللہ عنہ سے روایت ہے کہ میں نے رسول اللہ صلی اللہ علیہ وسلم سے عرض کیا کہ ہماری بیویوں کا ہم پر کیا حق ہے؟ آپؐ نے فرمایا کہ جب تم کھاؤ تو ان کو بھی کھلاؤ اور جب پہنو تو ان کو بھی پہناؤ اور ان کے منہ پر نہ مارو اور انہیں گالیاں نہ دو اور ان کو نہ چھوڑو مگر گھر میں۔ (ریاض الصالحین: ۱۴۲)

یہ ایک حقیقت ہے کہ دورِ حاضر میں عورتوں کے ساتھ ظلم، حق تلفی اور ناانصافی کی مختلف صورتیں اختیار کی جارہی ہیں، وراثت سے لڑکیوں کو محروم کرنے کا عام مزاج ہے، گویا یہ تصور قائم کرلیا گیا ہے کہ جائیداد صرف مردوں ہی کے لیے خاص ہے، لڑکیوں کو

جہیز کی شکل میں شادی کے وقت جو دیا گیا وہی ان کے لیے کافی ہے اور وہی ان کا حق بھی ہے، جب کہ قرآن مجید میں نظامِ وراثت میں عورتوں کے مختلف جہتوں سے حصص بیان کیے گئے ہیں اور ساتھ ہی وراثت کی سخت تاکید بیان کی گئی ہے۔ اسی طرح مہر کی ادائیگی میں بھی مردوں نے غفلت سے کام لیا ہے۔ نکاح کے وقت رسمی طور پر مہر کی رقم تعین کر دی جاتی ہے، لیکن پوری زندگی اس دَین (قرض) کی ادائیگی کی طرف توجہ نہیں دی جاتی۔ عورت، شوہر کے تحت زندگی گذارنے کی وجہ سے دیے گئے اخراجات کو اپنے لیے احسان سمجھتی ہے، پھر شوہر کی ترش روئی کے خوف سے وہ اپنا حق مہر کیوں کر مطالبہ کرے، اس طرح بیویوں پر ظلم کا ایک سلسلہ ہے، جس کا احساس بھی ہو جائے تو غنیمت۔ اس سے بھی آگے بڑھ کر بیوی کی معمولی غلطی پر جھڑکنے، ڈانٹنے اور احسان جتانے کا عام معمول ہے۔ اگر گھر سے باہر تجارت، ملازمت یا کسی بات پر غصہ آگیا تو اس نزلہ کا شکار گھر کی بے چاری عورتیں ہوتی ہیں اور اگر رنگ کے اعتبار سے جاذبِ نظر نہیں تو پھر الامان والحفیظ، قدم قدم پر مار پیٹ اور طلاق کی دھمکیاں دی جاتی ہیں، صبح سے شام تک ان ہی کے کاموں میں بیوی مصروف رہتی ہے، مگر شوہروں کے دل آسودہ نہیں ہوتے، اندر سے ان کی طرف دل کا میلان، محبت وچاہت، جس کی ہر عورت خواہشمند رہتی ہے ان کو نصیب نہیں، کیا مرد کی حاکمیت کا یہی مطلب ہے؟

حضرت مولانا حکیم محمد اختر صاحب (پاکستان) نے ایک موقع پر فرمایا کہ ایک صاحب نے محض اس لیے کہ بیوی کالی کلوٹی تھی، صورت خراب تھی، محض نفس کی ہوس کی وجہ سے چھ بچوں کی ماں ہونے کے باوجود اس کو طلاق دے دی۔ کہا میری ماں نے غلطی کر دی تھی میرا اس سے گذارا نہیں ہو گا، ہم بہت خوبصورت سے شادی کریں گے۔ بیوی نے بہت منت سماجت کی، لیکن شوہر نے خوبصورت بیوی کے جنون میں تین

طلاق دے دی، جب وہ چھ بچوں کو لے کر نکلی ہے تو اس نے آسمان کی طرف ایک نظر ڈالی اور بزبانِ حال یہ شعر پڑھا:

ہم بتاتے کسے اپنی مجبوریاں :: رہ گئے جانب آسماں دیکھ کر

اس کے بعد شوہر نے بہت خوبصورت عورت سے شادی کی۔ چھ مہینے بھی نہیں گذرے تھے کہ فالج گر گیا۔ دس سال تک زندہ رہے بستر پر ہمیشہ لیٹے ہی رہتے اور لڑکی بھی بھاگ گئی کہ ایسے سے میرا گذارہ کیسے ہو سکتا ہے۔ (حقوق النساء:۳۵)

انسان اگر چاہے کہ میرے منشاء کے عین مطابق مجھے رفیقۂ حیات ملے تو شاید یہ امید بر آور نہ ہو، کسی نہ کسی اعتبار سے مخالفت اور کجی پائی جائے گی۔ ایسے وقت صبر سے کام لینا چاہیے اور بیوی کی صفات اور خوبیوں پر نظر رکھتے ہوئے اس کی خطاؤں کو درگذر اور معاف کر دینا چاہیے۔ ممکن ہے کہ یہی عورت اس کے لیے مستقبل میں آرام و سکون کا سبب بن جائے۔ اسی طرف قرآن کریم میں اشارہ کیا گیا ہے: "اگر وہ تمہیں ناپسند ہوں تو عجب نہیں کہ تم ایک شئے کو ناپسند کرو اور اللہ اس کے اندر بڑی بھلائی رکھ دے۔" (سورۃ النساء، آیت:۱۹)

حضرات علماء اور اہل نظر نے بیویوں پر ظلم سے بچنے کی ایک بہترین ترکیب یہ بتائی ہے کہ جب کسی بات میں بیوی پر غصہ آئے تو یہ سمجھ لینا چاہیے کہ اگر اس کی جگہ میری بیٹی ہوتی تو کیا میرا دل گوارا کرتا کہ میرا داماد ایسے وقت میری بیٹی کو مارے پیٹے یا گالی گلوج کرے، یہ بھی کسی نہ کسی کی بیٹی اور لختِ جگر ہے، اس کے ساتھ ہمیں بھی ایسا ہی معاملہ کرنا چاہیے جیسا کہ ہم اپنے داماد سے بیٹی کے بارے میں خیال رکھتے ہیں۔ اگر یہ تصور ذہن میں آجائے تو بے شمار حق تلفیوں اور مظالم سے نجات حاصل کی جاسکتی ہے۔

***

پڑوسیوں کے ساتھ حسن سلوک کیجیے

یوں تو اسلام نے تمام نوعِ انسانی کے ساتھ اخوت، بھائی چارگی، الفت و محبت، خیر خواہی اور حسن معاشرت کی تعلیم کو نمایاں مقام دیا ہے، مذہب و ملت، رنگ و نسل یا جغرافیائی حدود کے اختلاف کی بنیاد پر دو انسانوں میں فرق کرنا جائز نہیں، لیکن پڑوسیوں کے ساتھ یہ ذمہ داری اور زیادہ بڑھ جاتی ہے۔ مختلف احادیث میں اللہ کے نبی صلی اللہ علیہ وسلم نے پڑوسیوں کے حقوق کی رعایت، ان کے ساتھ اچھا برتاؤ، حسن معاملہ، ایثار و قربانی، محبت و شفقت اور بھلائی کی تاکید فرمائی ہے اور ان کے ساتھ بد خواہی، حسد، کینہ، بغض، عداوت، دشمنی یا کسی ایسے طریقۂ کار پر سخت تنبیہ فرمائی ہے جس سے کسی پڑوسی کو تکلیف پہنچے، خواہ وہ اس کی دل آزاری ہو یا اس کا کوئی جانی و مالی نقصان۔

وہ حقیقی مسلمان نہیں: حضرت ابوہریرہ رضی اللہ عنہ سے منقول ہے کہ ایک موقع پر رسول اکرم صلی اللہ علیہ وسلم نے ارشاد فرمایا: واللہ لایؤمن واللہ لایؤمن قیل من یا رسول اللہ قال الذی لایؤمن جارہ بوائقہ۔ (بخاری و مسلم) خدا کی قسم وہ شخص ہرگز مسلمان نہیں ہوسکتا۔ آپ نے یہ جملہ تین مرتبہ ارشاد فرمایا، صحابہؓ نے عرض کیا وہ کون سا شخص ہے یارسول اللہ جس کے بارے میں آپ مؤمن نہ ہونے کی شہادت دے رہے ہیں؟ آپؐ نے فرمایا: وہ شخص کبھی مسلمان نہیں ہوسکتا جس کی شرارتوں سے اس کا ہمسایہ اور پڑوسی محفوظ نہ ہو۔ حضرات محدثین نے چاہے اس حدیث کی کچھ بھی تاویل کی ہو کہ یہاں مطلقاً ایمان کی نفی مراد نہیں ہے، بلکہ کمالِ ایمان کی نفی مراد ہے جیسا کہ ایک

دوسری حدیث میں ترکِ صلوٰۃ پر بھی آپؐ نے یہی جملہ ارشاد فرمایا ہے، لیکن حضور صلی اللہ علیہ وسلم کی اس قدر ناراضگی کہ تین مرتبہ آپؐ اللہ کی ذات کی قسم کھاکر مؤکد فرما رہے ہیں، کیا یہ وعید کے لیے کم ہے۔ یہاں تک کہ ایک موقع پر آپؐ نے ارشاد فرمایا:

لایدخل الجنۃ من لایامن جارہ بوائقہ۔ (مشکوٰۃ: ۴۲۲)

وہ آدمی جنت میں داخل نہیں ہوسکتا جس کی ایذارسانی اور بدنیتی سے اس کے پڑوس کے لوگ مامون نہ ہوں۔ ذرا اندازہ کیجیے کہ حضور اقدس صلی اللہ علیہ وسلم نے ایسے لوگوں کے بارے میں کتنا سخت جملہ فرمایا ہے جو اپنے گھر کے ارد گرد رہنے والوں کا خیال نہیں کرتے، بات بات پر ان سے لڑتے جھگڑتے رہتے ہیں، اپنے قول و فعل سے ان کو تکلیف پہنچاتے ہیں اور جو ہمیشہ ان کی نعمتوں کے زوال کی تمنا اور کسی آفت و مصیبت میں مبتلا ہونے کی آرزو لیے رہتے ہیں۔

پڑوسی کے ساتھ اچھا برتاؤ: اسلام نے حسن سلوک کی تعلیم دی تو اس کا مفہوم صرف یہ نہیں ہے کہ پڑوسی کے ساتھ برائی سے پیش نہ آئیں، ان کو تکلیف نہ پہنچائیں یا ان کی مصیبت پر ہم خوش نہ ہوں بلکہ اس کا مثبت پہلو یہ ہے کہ ایک پڑوسی دوسرے پڑوسی کا خیر خواہ ہو، آڑے وقت میں کام آئے، دکھ درد میں برابر کا شریک ہو، ایک دوسرے کی مالی و اخلاقی اعانت کرے، ایک دوسرے کے اہل و عیال کا خیال رکھے، اگر کوئی ضرورت پیش آجائے تو ہم اس کا بھرپور تعاون کریں جیسا کہ حضرت معاذ بن جبل رضی اللہ عنہ کی حدیث میں اس کی پوری تفصیل آئی ہے۔ حضرت معاذ بن جبل رضی اللہ عنہ فرماتے ہیں کہ ہمارے یہ پوچھے جانے پر کہ ہم پر پڑوسیوں کے کیا کیا حقوق عائد ہوتے ہیں؟ حضور صلی اللہ علیہ وسلم نے اس کی پوری تفصیل بتائی کہ اگر کوئی پڑوسی تم سے کوئی چیز قرض مانگے اور وہ تمہارے پاس موجود ہے تو تم اسے قرض دے دو، اگر وہ

تعاون طلب کرے تو مدد کر دو، اس کو کسی چیز کی ضرورت ہو تو پوری کر دو، اگر وہ بیمار ہو جائے تو اس کی عیادت کرو، اگر مر جائے تو نمازِ جنازہ میں شرکت کرو، اگر اسے کوئی بھلائی پہنچے تو دلی اعتبار سے تم بھی خوش رہو اور اس کو مبارک باد دو اور اگر اس پر کوئی مصیبت آ پڑے، کسی حادثہ کا شکار ہو جائے تو اس کے غم میں تم بھی شریک رہو۔ فطری طور پر تمہارے دل پر بھی اس کی چوٹ لگے اور اس کی تعزیت، دلداری اور ماتم پرسی کرو اور اپنے گھر گوشت یا اس طرح کی کوئی عمدہ چیز پکنے کا علم اسے نہ ہونے دو جس سے اس کو تکلیف پہنچے، کیوں کہ ان کے پاس اچھی چیزیں کھانے کے اسباب نہیں، ہاں اس کو بھی اگر کچھ دینے کی نیت ہے تو پھر جانکاری سے کوئی حرج نہیں ہے۔

اسی طرح اپنے پڑوسی کے مکان سے اپنا مکان اونچا نہ بناؤ، کیوں کہ تمہاری لمبی عمارت سے اس کے گھر میں ہوا جانے سے رک جائے گی اور تمہاری اوپر کی منزل سے اس کے گھر کی ساری چیزیں دکھائی دیں گے، جس سے بے پردگی ہوگی اور اس کا عیب ظاہر ہوگا، البتہ پڑوسی اگر خود تمہیں اجازت دے دے کہ تم اپنے منشاء کے مطابق گھر کی تعمیر کر لو تب لمبی عمارت بنانے میں کوئی حرج نہیں ہے اور اگر بازار سے کوئی پھل خرید کر لائے ہو تو اس میں تھوڑا بہت اپنے پڑوسی کو بھی ہدیہ دے دو تاکہ دیکھ کر اسے نہ ہونے کا غم نہ ہو اور اگر دینے کی نیت نہیں ہے، تمہارے پاس اتنا پھل نہیں یا اتنی گنجائش نہیں کہ تم اسے دے سکو تو چپکے سے کسی بند چیز میں اسے گھر لے جاؤ تاکہ ان چیزوں پر پڑوسی کے اہل وعیال کی نظر نہ پڑے اور ساتھ ہی اس کا خیال رہے کہ کہیں تمہارا بچہ پھل لے کر باہر نہ نکلنے پائے، کیوں کہ اس پر پڑوسی کے بچوں کی نگاہ پڑے گی اور وہ بھی اپنے ماں باپ سے اس کی ضد کریں گے، حالانکہ وہ غریب ونادار ہے، ان کے پاس اتنی وسعت نہیں کہ اپنے بچوں کو پھل کھلا سکے، اس سے ان کی دل آزاری ہوگی اور ان کو تکلیف پہنچے گی۔ اللہ

کے نبی صلی اللہ علیہ وسلم نے مذکورہ چیزوں کو بالتفصیل بیان کرنے کے بعد صحابۂ کرام سے مخاطب ہو کر فرمایا کہ پڑوسیوں کے حقوق کے سلسلہ میں تم لوگوں سے جو باتیں کہہ رہا ہوں کیا تم انہیں سمجھتے ہو، یاد رکھو! بہت کم ایسے لوگ ہیں جو پڑوسیوں کے حقوق کی رعایت کرتے ہیں اور ان کے ساتھ اچھائی اور خیر خواہی کا معاملہ کرتے ہیں اور یہ وہی لوگ ہیں جن کو اللہ تعالیٰ اپنے فضل و کرم سے توفیق دیتا ہے۔ (الترغیب و الترہیب: ۳/۲۴۲)

یہ حدیث پڑوسیوں کے حقوق کے سلسلہ میں نہایت ہی جامع اور کامل و مکمل ہے، اس میں ان تمام چیزوں کی حدبندی کر دی گئی ہے جن سے پاس پڑوس میں رہنے والے کے جذبات و احساسات کو ٹھیس پہنچے، ان کو کسی طرح کی کوئی تکلیف پہنچے، ذرہ برابر بھی ایذا رسانی اسلام نے برداشت نہیں کی ہے، ہمیشہ ان کے ساتھ بھلائی کرنے کی تاکید کی ہے، جس طرح بھی ممکن ہو پڑوسی کو آرام و راحت، چین و سکون کی زندگی گذارنے میں تعاون کرے، اس کی پریشانیوں اور دکھ درد میں کام آئے، اس کی خوشی و غم میں شریک ہو، اس کے اہل و عیال کے ساتھ شفقت کا معاملہ کرے۔

پڑوسی کو تکلیف پہنچانے والا جہنمی ہے: اگر کوئی شخص رات دن خدا کی یاد میں منہمک رہتا ہے، ساری عبادتیں کرتا ہے، اس کے تقویٰ و طہارت کی پوری دنیا میں دھوم مچی ہے، لیکن پڑوسی کے ساتھ اس کا سلوک اچھا نہیں تو ایسا شخص ساری عبادتوں کے باوجود جہنمی ہو گا، جیسا کہ حضرت ابوہریرہ رضی اللہ عنہ سے روایت منقول ہے، فرماتے ہیں کہ ایک آدمی نے حضور صلی اللہ علیہ وسلم سے عرض کیا: یا رسول اللہ! یہ بتایئے کہ اگر لوگوں کے درمیان کسی شخص کی نماز، روزہ اور صدقہ کے بارے میں خوب چرچہ ہو لیکن وہ پڑوسی کو زبان سے تکلیف پہنچاتا ہے، برا بھلا کہتا ہے تو اس کا کیا حشر ہو گا؟ آپؐ نے

فرمایا: وہ جہنم میں ڈال دیا جائے گا، پھر سوال کیا یا رسول اللہ! ایسا آدمی جو نماز، روزہ اور صدقہ بہت کم ادا کرتا ہے، البتہ وہ پنیر کے ٹکڑے جیسی معمولی چیزیں صدقہ دیتا ہے اور اپنے پڑوسی کے ساتھ اچھا برتاؤ کرتا ہے، کسی طرح کی کوئی تکلیف نہیں پہنچاتا اس کے ساتھ کیا معاملہ ہوگا؟ آپؐ نے فرمایا: یہ شخص جنتی ہے۔ (مشکوٰۃ: ۴۲۴)

پڑوسی کی اہمیت: پڑوسی کی اسی اہمیت کے پیش نظر اللہ تعالیٰ نے اپنے کلام مقدس میں اس کی بڑی تاکید فرمائی ہے اور اپنے حقوق و عبادت کے فوراً بعد اسی آیت میں والدین، رشتہ دار، یتیموں اور مسکینوں کے ساتھ ساتھ پڑوسیوں کے ساتھ حسن سلوک کا تذکرہ فرمایا ہے: وَاعْبُدُوا اللّٰہَ وَلَا تُشْرِکُوْا بِہٖ شَیْئًا وَّ بِالْوَالِدَیْنِ اِحْسَانًا وَبِذِی الْقُرْبٰی وَالْیَتٰمٰی وَ الْمَسَاکِیْنَ وَالْجَارِ ذِی الْقُرْبٰی وَالْجَارِ الْجُنُبِ وَالصَّاحِبِ بِالْجَنْبِ۔ (سورہ نساء، آیت: ۳۶)

"اور اللہ کی عبادت کرو اور اس کے ساتھ کسی کو شریک نہ کرو اور والدین کے ساتھ حسن سلوک کا معاملہ کرو اور قرابت والوں کے ساتھ اور یتیموں، فقیروں، قریبی اور دور کے ہمسایہ اور پاس بیٹھنے والوں کے ساتھ اچھے سے پیش آؤ۔" پڑوسی خواہ قریب ہوں یا دور ان تمام کے ساتھ حسن سلوک اور بہتر اخلاق کی ہدایت دی گئی ہے۔ اسی طرح سفر میں چلتے ہوئے بھی کچھ دیر کے لیے کسی کی جو رفاقت ہوتی ہے وہ بھی پڑوسی کے درجے میں ہے، اس لیے اس کے ساتھ حسن سلوک کیا جائے گا۔

پڑوسیوں کے حقوق اس قدر زیادہ ہیں کہ رسول اللہ صلی اللہ علیہ وسلم نے فرمایا کہ جبرئیل امین مجھے ہمیشہ پڑوسی کی رعایت اور امداد کے لیے فرماتے رہے، یہاں تک کہ مجھے گمان ہونے لگا کہ شاید پڑوسی کو بھی رشتہ داروں کی طرح وراثت میں شریک کر دیا جائے گا۔ (صحیح بخاری: ۲/ ۸۸۹)

پڑوسی ہر قسم کے ہوتے ہیں، ان میں کمزور بھی ہوتے ہیں اور مجبور بھی، بے کس

بھی اور یتیم بھی، تنگ دست اور مفلوک الحال بھی، ان میں ضرورت مندوں کی ضرورت پوری کرنا، بیکسوں پر ترس کھانا، ننگوں کو کپڑا پہنانا اور بھوکوں کو کھانا کھلانا ایک اچھے انسان اور ہمدرد پڑوسی کی علامت ہے۔ تاریخ میں ایسے بے شمار واقعات ہیں کہ خود بھوکے رہے لیکن پڑوسیوں کو کھانا کھلایا۔ حضور صلی اللہ علیہ وسلم نے فرمایا وہ شخص مؤمن نہیں جو خود پیٹ بھر لے اور اس کا پڑوسی اس کے پہلو میں بھوکا رہے۔ (بیہقی، مسندِ احمد) یہاں تک تاکید کی گئی کہ جب تم کوئی سالن پکاؤ تو شوربہ زیادہ کر دو اور اپنے پڑوسی کا خیال رکھو۔ (مسلم شریف)

غیر مسلم پڑوسی: پھر پڑوس میں رہنے والے کبھی تو اسلامی برادری میں داخل اور مسلمان ہوتے ہیں اور کبھی غیر مسلم، دونوں طبقوں کے ساتھ یہی حکم ہے۔ ایک حدیث میں خود رسول اللہ صلی اللہ علیہ وسلم نے اس کو واضح فرمایا ہے۔ ارشاد فرمایا کہ بعض پڑوسی وہ ہیں جن کا صرف ایک حق ہے، بعض وہ ہیں جن کے دو حق ہیں اور بعض وہ جن کے تین ہیں، ایک حق والا پڑوسی وہ غیر مسلم ہے جس سے کوئی رشتہ داری بھی نہیں، دو حق والا پڑوسی وہ ہے جو پڑوسی ہونے کے ساتھ مسلمان بھی ہے، تین حق والا پڑوسی وہ ہے جو پڑوسی بھی ہے، مسلمان بھی اور رشتہ دار بھی۔ (قرطبی: ۵/ ۱۸۴) کیوں کہ قرآن واحادیث میں مطلقاً "جار" کا لفظ آیا ہے، جو ہر طرح کے پڑوسی کو شامل ہے، خواہ مسلم ہو یا غیر مسلم، عابد ہو یا فاسق، دشمن ہو یا دوست، نافع ہو یا ضار، رشتہ دار ہو یا غیر رشتہ دار، قریب ہو یا بعید، بہر حال اس کا حق ہے کہ بقدرِ استطاعت امداد واعانت کریں اور زندگی کے ہر موڑ پر اس کے ساتھ اس طرح حسن سلوک سے پیش آئیں کہ خود وہ اپنی زبان سے آپ کے اچھے ہونے کی شہادت دے۔

نیک پڑوسی کون: نیک پڑوسی دنیا میں سعادت اور آخرت میں شفاعت کا سبب ہے۔

حضرت عبد اللہ بن عمرو سے روایت ہے کہ نبی اکرم صلی اللہ علیہ وسلم نے ارشاد فرمایا کہ اللہ کے نزدیک سب سے اچھا ساتھی وہ ہے جو اپنے ساتھیوں کے لیے سب سے بہتر ہو اور سب سے بہتر پڑوسی وہ ہے جو اپنے پڑوسیوں کے لیے سب سے بہتر ہو۔ (مشکوٰۃ: ۴۲۴)

حضرت عبد اللہ بن مسعود رضی اللہ عنہ کا بیان ہے کہ حضور اکرم صلی اللہ علیہ وسلم کے پاس ایک شخص آیا اور اس نے کہا یا رسول اللہ! جب میں کوئی اچھا کام کروں تو مجھ کو کیسے معلوم ہو کہ میں نے اچھا کام کیا ہے اور جب کوئی برا کام کروں تو کیسے معلوم ہو کہ میں نے برا کام کیا ہے، یعنی میرے کام کے اچھے اور برے ہونے کا کیا معیار ہے؟ حضور صلی اللہ علیہ وسلم نے فرمایا: جب تمہارا پڑوسی شہادت دے کہ تم نے اچھا کام کیا ہے تو سمجھ لو کہ تم نے اچھا کام کیا ہے اور جب وہ کہے کہ تم نے برا کام کیا ہے تو جان لو کہ تم نے برا کام کیا ہے۔ (مشکوٰۃ: ۴۲۴)

پڑوسی کے حدود: جس گھر میں آدمی سکونت اختیار کرتا ہے اس کے قرب وجوار میں جو لوگ ہوتے ہیں ان کو پڑوسی کہتے ہیں، اگر مسکن کے بالکل قریب ہے تو وہ قریبی پڑوسی کہلاتا ہے اور اگر کچھ دور ہے تو دور کا پڑوسی کہلائے گا۔ حضرت ابو بکر، حضرت عمر اور حضرت علی رضی اللہ عنہم اجمعین سے منقول ہے کہ ہر طرف سے چالیس گھروں کی آبادی پر پڑوسی کا اطلاق ہوتا ہے، یعنی اتنی دور تک ایک آدمی کا پڑوسی کہلاتا ہے جس کی رعایت ہر انسان کے لیے لازم ہے، البتہ ان میں آپ کی محبت و ہمدردی کا سب سے زیادہ مستحق وہ پڑوسی ہے جس کا دروازہ آپ کے گھر سے قریب ہو، جیسا کہ ایک موقعہ پر نبی اکرم صلی اللہ علیہ وسلم سے پوچھا گیا کہ ہمارے دو پڑوسی ہیں، کس کو تحفہ بھیجوں؟ آپؐ نے فرمایا: جس کا دروازہ تم سے قریب ہو۔ (بخاری: ۲/ ۸۹۰)

عارضی پڑوسی: آدمی کی معاشرتی زندگی کا دائرہ جب وسیع ہوتا ہے تو بس اسٹینڈ پر،

پلیٹ فارم پر، ایئرپورٹ پر، جہازوں میں، ٹرینوں میں، بسوں اور آفسون میں ایک دوسرے سے آشنائی ہوتی ہے اور تھوڑی دیر کے لیے ان کا ہمارا ساتھ ہوتا ہے، وہ بھی ہمارے پڑوسی ہیں، لیکن غیر مستقل اور عارضی پڑوسی کہلاتے ہیں، دائمی پڑوسیوں کی طرح ان کے ساتھ بھی حسن سلوک کی تاکید فرمائی گئی ہے، جس کا ادنیٰ درجہ یہ ہے کہ آپ کے کسی قول و فعل سے اس کو ایذا نہ پہنچے، کوئی گفتگو ایسی نہ کریں جس سے اس کی دل آزاری ہو، کوئی کام ایسا نہ کریں جس سے اس کو تکلیف ہو، مثلاً سگریٹ پی کر اس کا دھواں اس کے منہ کی طرف نہ چھوڑیں، پان کھاکر پیک اس کی طرف نہ ڈالیں، اس طرح نہ بیٹھیں جس سے اس کی جگہ تنگ ہو جائے۔

پڑوسیوں کے حقوق کی اس قدر اہمیت اور تاکید کے باوجود آج ہر آدمی اپنا محاسبہ کرے کہ پڑوسیوں کے ساتھ کتنی ہمدردی اور غمخواری کا معاملہ کیا جاتا ہے، اس کے ساتھ کتنا حسن سلوک کا معاملہ برتا جاتا ہے، دل آزاری اور ایذارسانی کا کوئی موقعہ ہم ہاتھ سے جانے نہیں دیتے، جس طرح بھی ممکن ہوتا ہے خوب خوب ان کی مخالفت، جھگڑا، لڑائی اور نقصان پہنچانے کی کوشش کرتے رہتے ہیں، جو یقیناً ہمارے لیے لمحۂ فکریہ ہے۔

***

بیٹا! تو بھی سو جاتا تو اچھا تھا

حضرت شیخ سعدیؒ اپنی شہرۂ آفاق کتاب "گلستاں" میں ایک جگہ بیان کرتے ہیں کہ "میں بچپن میں بڑا عبادت گذار و شب بیدار تھا، ایک رات میں اپنے والد محترم کی خدمت میں حاضر تھا، ساری رات آنکھوں آنکھوں میں کٹ گئی اور مسلسل تلاوتِ قرآن اور عبادتِ خدا میں مشغول رہا، مگر میرے ارد گرد لوگوں کی ایک جماعت بڑے آرام سے سو رہی تھی، ان لوگوں کا اس طرح بے فکر سونا مجھے برا معلوم ہوا اور میں نے اپنے والد سے شکایت کی کہ یہ لوگ تو ایسے سو گئے ہیں جیسے مر گئے ہوں، کوئی بھی تہو جد اور دیگر ذکر و اذکار کے لیے بیدار نہیں ہوتا، والد صاحب نے جواب دیا بیٹا! اچھا ہوتا کہ تو بھی سو جاتا تا کہ دوسروں کی غیبت نہ کرتا۔" (گلستاں: ۷۱)

یہ شیخ سعدیؒ کے والد کی دور اندیشی اور اولاد کی تربیت کا بہتر انداز تھا کہ فوری طور پر اپنے بیٹے کو غلطی پر متنبہ کر دیا اور غیبت و شکوہ شکایت جیسے عظیم گناہ کے ارتکاب پر پہلے ہی دن روک لگا دی، خدانخواستہ اگر والد اپنے بیٹے کی غلطی کو بچپن کے سبب نظر انداز کر جاتا اور اسے اپنی رَو میں بہنے دیتا تو غیبت کا گناہ شیخ سعدیؒ کے سر پر تو لازم آتا ہی، یہ عین ممکن تھا کہ رفتہ رفتہ غیبت اور شکوہ و شکایت کا مزاج بن جاتا اور پھر بعد میں ہزار کوشش کے بعد طبیعت اس کو چھوڑنے پر آمادہ نہ ہوتی۔ اس سے نہ صرف رات کا عمل بلکہ زندگی میں کیے جانے والے بیشتر اعمال غیبت کی وجہ سے ضائع ہو جاتے، ان کا مکمل ثواب ملتا اور نہ ہی زہد و تقویٰ کی راہ ہموار ہوتی، اس لیے کہ دوسروں کی برائی،

حقارت اور تذلیل سے باز آئے بغیر تصوف و سلوک کی کوئی منزل طے نہیں کی جاسکتی، خواہ نماز، روزہ اور دیگر عبادتوں کا وہ عاشق ہی کیوں نہ ہو۔ اس واقعے میں ان والدین کے لیے بڑا پیغام ہے جو اپنے بچوں کے برے اور ناجائز کاموں کا کوئی اثر نہیں لیتے، نہ ان کو ان امور سے روکنے کی فکر ہوتی ہے اور نہ مستقبل کے ضائع ہونے کی کوئی پرواہ۔ بہت سے ماں باپ اپنی اولاد کی غلطیوں کو یہ کہتے ہوئے نظر انداز کر دیتے ہیں کہ ابھی بچپن ہے بعد میں عمر کی زیادتی کے ساتھ جب شعور پختہ ہو گا تو خود بخود یہ برائیاں ختم ہو جائیں گی، لیکن یاد رہے کہ والدین کا یہ سوچ درست نہیں ہے، اس لیے کہ معصوم بچوں کا دماغ سفید کاغذ کی طرح ہے، بچپن سے جن عادات و اطوار کا نقش ان کے ذہنوں میں کر دیا جاتا ہے وہ کبھی مٹتا نہیں۔ یہی وجہ ہے کہ رسول اکرم صلی اللہ علیہ وسلم نے سات سال کی عمر سے ہی اولاد کو نماز پڑھانے کی تاکید فرمائی ہے، تاکہ نماز کی عادت ہو جائے اور اخیر تک عبادت کا ذوق باقی رہے۔ جو والدین شفقت و محبت یا کسی اور سبب اپنے بچوں کی صحیح تربیت نہیں کرتے، بدزبانی، گالی گلوج، غیبت، چغلی، شکوہ و شکایت اور دوسری غیر اخلاقی حرکتیں ان کے بچوں میں پائی جاتی ہیں اور پھر یہی بچے مستقبل میں اپنے ماں باپ کے لیے دردِ سر ثابت ہوتے ہیں، آخرت میں بھی ایسے والدین سے مؤاخذہ ہو گا کہ انہوں نے اپنے ماتحت رہنے والوں کی تربیت سے غفلت کر کے اپنی ایک بڑی ذمہ داری اور فریضے کو ترک کر دیا ہے۔

واقعے کا دوسرا رخ غیبت سے حفاظت ہے۔ غیبت گناہِ کبیرہ اور اسلام کی نظر میں عظیم ترین جرم ہے، اس لیے شیخ سعدیؒ کو ان کے والدِ محترم نے فوری طور پر اس گناہ پر متنبہ کیا۔ واضح رہے کہ "غیبت" دوسرے کی پیٹھ پیچھے برائی بیان کرنے کا نام ہے، لیکن کسی شخص کی عدم موجودگی میں اس کے تعلق ایسی باتیں کرنا کہ جس کو اگر وہ سنے تو ناپسند

کرے اور برائی اس شخص میں موجود ہو، اگر بیان کردہ برائی اس میں موجود نہ ہو تو یہ بہتان ہے، جس کی شناعت غیبت سے بھی بڑھی ہوئی ہے۔ جیسا کہ حضرت ابوہریرہ رضی اللہ عنہ سے روایت ہے کہ ایک دن بغرضِ تعلیم رسولِ اکرم صلی اللہ علیہ وسلم نے صحابہؓ سے دریافت کیا، کیا تم جانتے ہو کہ غیبت کس کو کہتے ہیں؟ صحابۂ کرامؓ نے عرض کیا کہ اللہ اور اس کا رسول زیادہ جانتے ہیں۔ آپؐ نے ارشاد فرمایا: ذکرک اخاک بمایکرہ "غیبت یہ ہے کہ تم اپنے مسلمان بھائی کا ذکر اس طرح کرو کہ جس کو اگر وہ سنے تو ناپسند کرے" یعنی اگر اس کو پتہ چلے کہ میرا ذکر اس طرح اس مجلس میں کیا گیا تھا تو اس کو تکلیف ہو اور وہ اس کو برا سمجھے۔ ایک صحابیؓ نے سوال کیا اگر میرے بھائی میں وہ برائی اور عیب واقعتاً موجود ہو جو میں نے بیان کیا ہے تو کیا جب بھی غیبت ہو گی؟ آپؐ نے فرمایا کہ اگر وہ خرابی اور عیب اس میں واقعتاً موجود ہو تو یہ غیبت ہے اور اگر وہ خرابی اس کے اندر موجود نہیں ہے اور تم اس کی طرف جھوٹی نسبت کر رہے ہو تو پھر یہ غیبت نہیں، یہ افتراء اور بہتان ہے، جو بذاتِ خود ایک بہت بڑا گناہ ہے۔ (مشکوٰۃ: ۴۱۲)

کسی بھائی کی برائی اور عیب جو بیان کیا جارہا ہے اس کا تعلق خواہ اس کے بدن سے ہو یا عقل سے، خواہ اس کے دین سے ہو یا دنیا سے، اخلاق وافعال سے ہو یا نفس سے، خواہ اس عیب کا تعلق اس کے مال واسباب، اہل وعیال، ماں باپ، خاندان ورشتہ دار یا کسی بھی ایسی چیز سے ہو جس سے وہ متعلق ہے جیسے رفتار وگفتار، نشست وبرخاست وغیرہ اور یہ عیوب ونقائص زبان سے بیان کیے جائیں یا ہاتھ، آنکھ، ابرو وغیرہ سے اشارہ کنایہ کے ذریعے، یہ سب غیبت میں داخل ہیں، بس اتنا سمجھ لینا چاہیے کہ کسی شخص کا کسی طرح کا بھی کوئی عیب اس کی عدم موجودگی میں اس طرح بیان کرنا جو دوسروں کی نظروں میں اس کی حیثیت وشخصیت کو گھٹاتا ہے تو یہ سخت غیبت اور حرام ہے۔ قرآن مجید میں ایسے

لوگوں کی بڑی مذمت بیان کی گئی ہے جو اپنے امور کو چھوڑ کر دوسروں کی عیب جوئی، شکوہ وشکایت اور تحقیر و تذلیل میں پڑے رہتے ہیں۔ ارشادِ باری ہے: وَلَا يَغْتَبْ بَّعْضُكُمْ بَعْضًا اَيُحِبُّ اَحَدُكُمْ اَنْ يَّاْكُلَ لَحْمَ اَخِيْهِ مَيْتًا فَكَرِهْتُمُوْهُ وَاتَّقُوا اللّٰهَ اِنَّ اللّٰهَ تَوَّابٌ رَّحِيْمٌ۔ (الحجرات: ۱۲) "اور کوئی کسی کی غیبت نہ کیا کرے، کیا تم میں سے کوئی اس کو گوارا کرلے گا کہ اپنے مردہ بھائی کا گوشت کھائے، اس سے ضرور ہی تمھیں کراہت آتی ہے اور اللہ سے ڈرتے رہو، بے شک اللہ بڑا توبہ قبول کرنے والا ہے، بڑا مہربان ہے۔" اس آیت میں کسی مسلمان کی آبروریزی اور توہین و تحقیر کو اس کا گوشت کھانے کی مثل و مشابہ قرار دیا گیا ہے۔ غور کیا جائے تو اس میں کسی کے پیٹھ پیچھے برائی بیان کرنے کی دِنائت اور خِسّت کو تین طرح سے بیان کیا گیا ہے، ایک تو انسان کا گوشت کھانا اور آدم خور بن جانا ہی کتنی شناعت کی بات ہے اور انسان بھی ایسا جو رشتے میں بھائی ہے اور بھائی بھی زندہ نہیں بلکہ مردہ، اپنے مردہ بھائی کا گوشت کھانا جتنا سنگین ہے اتنا ہی دوسرے کی غیبت کرنا سنگین اور خطرناک ہے۔

یاد رکھنا چاہیے کہ غیبت، طعن و تشنیع، شکوہ و شکایت اور تحقیر و تنقیص میں نقصان ہی نقصان ہے، اس میں فائدے کا کوئی پہلو نہیں، دنیوی اعتبار سے نقصان یہ ہے کہ جس کی غیبت اور برائی بیان کی جارہی ہے جب اس کو اس کا علم ہوگا تو اسے کافی تکلیف ہوگی، اس کے دل میں اگر آپ کی کوئی قدر ہوگی تو وہ فوری طور پر ختم ہو کر نفرتوں اور کدورتوں کی مضبوط دیوار درمیان میں حائل ہو جائے گی، وہی شخص جس کو آپ سے کسی نہ کسی درجے میں محبت یا الفت تھی، اب آپ کا سایہ بھی اس کے لیے ناگوار گذرے گا، اس کے برے اثرات نہ صرف دو آدمیوں کے درمیان بلکہ دو خاندان، دو قبیلے اور کبھی کبھی پورے معاشرہ و سماج پر مرتب ہوتے ہیں، یکے بعد دیگرے دلوں میں فتنہ و فساد کا ایسا بیج پڑتا ہے جس کے نتائج بعض حالتوں میں بڑے خطرناک اور دوررس نکلتے ہیں، لڑائی

جھگڑے، باہمی نا اتفاقیاں، عداوت و دشمنی اور نہ جانے کتنی خرابیاں غیبت اور اذیت رسانی سے پیدا ہوتی ہیں، جن کا اثر راست طور پر ایک انسان کی زندگی پر پڑتا ہے، دینی نقطۂ نظر سے بھی یہ اس لیے مہلک ہے کہ شریعتِ اسلامی میں فتنہ و فساد کا عمل ناقابل برداشت ہے، اس میں جس کی غیبت کی جارہی ہے اس کی اذیت رسانی بھی ہے، جو ناجائز اور حرام ہے اور یہ ایسا عمل ہے جس کی خرابی اور گناہ ہونے کی طرف ذہن منتقل نہیں ہوتا، وہ مست ہو کر ایک بڑے گناہ میں مسلسل مشغول رہتا ہے۔ ظاہر ہے کہ جب کسی کو کسی حرکت کے غلط ہونے کی خبر نہ ہو یا دل میں اس کی اہمیت نہ ہو تو اس سے توبہ نصیب ہوگی اور نہ ہدایت کو قبول کرنے کی طرف دل مائل ہوگا۔ اس کے برخلاف نعوذ باللہ کوئی شخص شراب پیتا ہو، جو شخص ذرا بھی دین سے تعلق رکھنے والا ہے، وہ اس کو بری نگاہ سے دیکھے گا اور اس کو برا سمجھے گا، خود شراب پینے والا سوچے گا کہ مجھ سے بڑی غلطی ہو رہی ہے، میں ایک عظیم جرم کا مرتکب ہوں، اس کے دل میں ایک نہ ایک دن خدا کا خوف پیدا ہوگا اور توبہ کی توفیق ہو جائے گی، اس لیے کہ یہ شخص اپنے آپ کو غلط سمجھ رہا ہے، اسی طرح شراب پینے والے کے گناہ کا تعلق خود اس کی ذات سے ہے، وہ جب چاہے گا توبہ کر سکتا ہے، شراب نوشی بیشک گناہِ کبیرہ ہے، مگر یہ اس کے اور اس کے خدا کے درمیان کی بات ہے، اس کی معافی کے لیے کسی بندے کی رضامندی کی ضرورت نہیں، لیکن غیبت کا معاملہ اس لیے سنگین ہے کہ جس کی غیبت کی گئی ہے اس کی معافی کے بغیر محض توبہ سے یہ گناہ معاف نہیں ہوتا، اسی لیے احادیثِ مبارکہ میں غیبت کے گناہ کو زنا سے بھی سخت گناہ قرار دیا گیا ہے۔

حضرت ابوسعید خدری رضی اللہ عنہ اور حضرت جابر رضی اللہ عنہ سے روایت ہے کہ رسول اکرم صلی اللہ علیہ وسلم نے ارشاد فرمایا: الغیبۃ اشدّ من الزنا "غیبت زنا سے بھی

زیادہ سخت اور سنگین ہے، بعض صحابہؓ نے عرض کیا کہ یہ رسول اللہ! غیبت زنا سے زیادہ سنگین کیوں کر ہے؟ آپؐ نے فرمایا کہ اس کی وجہ یہ ہے کہ آدمی اگر بدبختی سے زنا کر لیتا ہے تو صرف توبہ کرنے سے اس کی معافی اور مغفرت اللہ کی طرف سے ہو سکتی ہے مگر غیبت کرنے والے کو جب تک خود وہ شخص معاف نہ کر دے جس کی اس نے غیبت کی ہے اس کی معافی اور بخشش اللہ تعالیٰ کی طرف سے نہیں ہو گی۔ ایک روایت میں ہے کہ غیبت کرنے والے کے لیے توبہ نہیں ہے۔ حضرات علماء اور محققین نے اس کا مطلب یہ بیان کیا ہے کہ غیبت اگرچہ اللہ کے نزدیک بڑا گناہ ہے مگر غیبت کرنے والا اس کو ایک ہلکی چیز سمجھتا ہے، کیوں کہ جب کوئی برائی عام ہو جاتی ہے تو اس کی قباحت دل سے نکل جاتی ہے اور لوگ اس میں مبتلا ہو جانے کی برائی کو محسوس نہیں کرتے، اس لیے توبہ کی توفیق بھی نہیں ہوتی اور زنا کرنے والا اپنے فعل شنیع پر نادم و پشیمان ہوتا ہے اور ایک وقت بے چین ہو کر توبہ کر لیتا ہے۔ (مرقاۃ المفاتیح: ۵/ ۱۶۷)

حضرت انس رضی اللہ عنہ سے روایت ہے کہ رسول اللہ صلی اللہ علیہ وسلم نے ارشاد فرمایا: جس رات معراج میں مجھے اوپر لے جایا گیا، میرا گذر کچھ ایسے لوگوں پر ہوا جن کا ناخن سرخ تانبے کے تھے، جن سے وہ اپنے چہروں اور اپنے سینوں کو نوچ نوچ کر زخمی کر رہے تھے، میں نے جبرئیلؑ سے پوچھا کہ یہ کون لوگ ہیں جو ایسے سخت عذاب میں مبتلا ہیں؟ جبرئیلؑ نے بتایا کہ یہ وہ لوگ ہیں جو زندگی میں لوگوں کے گوشت کھایا کرتے تھے، (یعنی اللہ کے بندوں کی غیبتیں کیا کرتے تھے) اور ان کی آبروؤں سے کھیلتے تھے۔ (ابوداؤد)

غیبت کرنے والے کے لیے عالمِ برزخ میں خاص طور سے یہ سزا اس لیے تجویز کی گئی کہ دنیوی زندگی میں یہ مجرمین اللہ کے بندوں کا گوشت نوچا کرتے تھے اور غیبت کے

ذریعہ لوگوں کی عزت و آبرو سے کھیلا کرتے تھے، جو اللہ تعالیٰ کی نظر میں انتہائی ناپسندیدہ حرکت ہے۔

غیبت اور طعن و تشنیع پر اس قدر شدید وعید کے باوجود ہماری کوئی مجلس اور کوئی محفل اس سے خالی نہیں، کیا علماء اور کیا جاہل، کیا امراء اور کیا نادار اور غرباء، کیا مرد اور کیا عورت، کوئی ایسا طبقہ نہیں ہے جس میں یہ گناہ نہ پایا جاتا ہو، دانستہ اور نادانستہ کسی نہ کسی طریقے سے عام لوگ اس کے شکار ہیں، گویا غیبت کا ایک رواج چل چکا ہے، کہیں کسی کے مسلک کی تحقیر کی جارہی ہے تو کہیں خاندان اور نسب کی، کہیں کسی کے لباس اور وضع قطع کا مذاق اڑایا جارہا ہے اور کوئی کسی کے اخلاق، چال چلن اور عادات واطوار کا شکوہ کر رہا ہے۔ ظاہر ہے کہ ان سب کا مقصد دوسروں کی تحقیر، تذلیل اور طعن و تشنیع کے علاوہ کچھ بھی نہیں ہوتا، جو نہ صرف ناجائز بلکہ حرام اور گناہِ عظیم کا موجب ہے۔ اصلاح اگر مقصد اور مطلوب ہو تو کسی کے پیٹھ پیچھے اس کی شکایت اور اس کے عیوب کے اظہار سے اصلاح نہیں ہوتی، واقعتاً کسی میں کوئی خرابی ہے، چاہے وہ خرابی جس طرح کی بھی ہو، اگر ہمدردی اور اصلاح مطلوب ہے تو راست طور پر اس سے وہ بات کہی جائے تاکہ وہ اپنے اعمال وافعال پر نظر ثانی کرسکے اور اگر کسی نے تنبیہ کے باوجود بھی اپنی حرکتوں میں کوئی تبدیلی پیدا نہیں کی، تو اس کا معاملہ اس کے ساتھ ہے، وہ اپنے اعمال کا حساب وکتاب خود اللہ کے یہاں دے گا، اس کی بداعمالیوں کی سزا دوسروں کو نہیں دی جائے گی۔ اللہ تعالیٰ نے سورہ بقرہ آیت ۱۴۱ میں یہ اصول بیان کیا ہے "یہ ایک جماعت ہے جو گذر چکی، ان کا کیا ہوا ان کے آگے آئے گا اور تمہارا کیا ہوا تمہارے آگے آئے گا اور جو کچھ وہ کرتے رہے اس کی پوچھ گچھ تم سے نہ ہوگی۔" یعنی ہر ایک کا عمل اس کے ساتھ ہے، لہٰذا انسان کو اپنا عمل بہتر بنانے کی فکر کرنی چاہیے، دوسروں کے عمل خیر اور شر سے کیا تعلق؟ ہاں،

اگر امر بالمعروف اور نہی عن المنکر کا ارادہ ہو تو یہ پاکیزہ ارادہ ہے، لیکن اس کے لیے غیبت کی راہ اختیار نہیں کی جاسکتی اور نہ یہ اس باب میں کچھ مفید ہے۔

اس بات سے انکار نہیں کیا جا سکتا کہ دنیا میں ہر شخص گنہگار اور خطاکار ہے، کوئی انسان عیوب سے پاکی کا دعویٰ نہیں کر سکتا، دوسروں کی برائی بیان کرتے ہوئے اگر اپنے گناہوں اور نقائص پر نظر ہو تو سامنے والے شخص سے زیادہ خود اپنے اندر عیوب نظر آئیں گے، اس لیے ہمیشہ انسان کو خدا ترسی اور حقیقت بینی سے کام لینا چاہیے اور غیبت، تحقیر و تذلیل سے مکمل دور رہنا چاہیے کہ یہ کبر و غرور اور شیطانی خطوط پر عمل کا نتیجہ ہے اور اگر خدا کے فضل سے ظاہری طور پر ہمارا عمل بہتر اور دوسرے کا ناقص ہو تو بھی زبان پر مکمل قابو رکھا جائے، کم از کم اس خوف سے ہی سہی کہ جو خوبیاں میرے اندر ہیں دوسروں کو کمتر اور حقیر سمجھنے اور ان کی غیبت کے پاداش میں یہ چھین لی جائیں اور دوسرے ہم سے بہتر ہو جائیں، کسی سے خواہ کتنا ہی عداوت اور دشمنی کیوں نہ ہو اس کی غیبت اور اس کی عزت و آبرو کو بر سر راہ نیلام کرنے کی شریعت نے قطعاً اجازت نہیں دی ہے۔

بعض لوگ یہ کہتے ہوئے غیبت کرتے ہیں کہ یہ باتیں میں اس کے سامنے بھی بول سکتا ہوں، مقصد یہ ہے کہ جب میں یہ بات اس کے منہ پر کہہ سکتا ہوں تو میرے لیے یہ غیبت کرنا جائز ہے، یہ سوچ غلط ہے، صحیح یہ ہے کہ پیٹھ پیچھے بولے جانے کی وجہ سے اسے بھی غیبت کہا جائے گا اور یہ بھی گناہِ کبیرہ میں داخل ہے اور اگر کسی کے منہ پر اس کے کسی عیب کو اس طرح بیان کیا جائے جس سے اس کو ناگواری اور دل شکنی ہو تو یہ ایک طرح کی بے حیائی، سنگدلی اور ایذاء رسانی ہے کہ یہ اور بھی سخت گناہ ہے۔

بہر حال ایک مسلمان کو غیبت، شکوہ و شکایت اور طعن و تشنیع سے مکمل پرہیز کرنا

چاہیے کہ اسی میں دین و ایمان کی حفاظت ہے، اگر کسی مجلس میں غیبت ہو رہی ہو تو اس میں گفتگو کا رخ بدلنے کی کوشش کریں، کوئی دوسرا موضوع چھیڑ دیں، اگر گفتگو کا رخ بدلنے میں کامیابی نہ ملے تو پھر اس مجلس سے اٹھ کر چلے جائیں، اس لیے کہ یہ غیبت کرنا بھی حرام ہے اور اس کا سننا بھی حرام ہے، البتہ بعض مواقع پر حقیقتِ حال کے اظہار کے لیے دوسرے کی برائی کا اظہار جائز قرار دیا گیا ہے، جیسے کسی ظالم کی شکایت کسی ایسے شخص کے سامنے کرنا جو ظلم کو دفع کر سکے، یا کسی واقعے سے متعلق فتویٰ لینے کے لیے صورتِ حال کا اظہار، کسی کی اولاد یا بیوی کی شکایت اس کے باپ اور شوہر کے سامنے جو اس کی اصلاح کر سکے، یا مسلمانوں کو کسی شخص کے دینی یا دنیوی شر سے بچانے کے لیے کسی کا حال بتانا۔ حضرات محدثین کا غیر ثقہ اور غیر عادل راویوں پر جرح کرنا اور دین و شریعت کے محافظ علمائے حق کا اہل باطل کی غلطیوں پر لوگوں کو مطلع کرنا اسی قبیل سے ہے، غرض ایسی ضرورت کے وقت جس کو شریعت نے معتبر مانا ہے کسی کی خرابی، برائی اور عیوب بتائے جا سکتے ہیں جب کہ نیت صالح اور نیک ہو، اللہ تعالیٰ تمام دلوں کے حال اور مقاصد و اغراض سے خوب اچھی طرح واقف ہے۔ ضرورت ہے کہ برائیوں سے اجتناب کیا جائے کہ ان سے دل میں ظلمت پیدا ہوتی ہے اور مزید دوسرے گناہوں کا شوق پیدا ہوتا ہے۔ ایک انسان کی یہ کوشش رہے کہ اگر اپنے قول، فعل یا کسی حرکت کے ذریعہ کسی کو تکلیف پہنچا دی ہے یا کسی کی غیبت کی ہے تو اللہ کے حضور صدق دل سے توبہ کرے اور راست طور پر اس شخص سے معافی تلافی کر لے کہ آج اس کا وقت باقی ہے، آج عمل ہے حساب نہیں اور قیامت کے دن حساب ہو گا وہاں کوئی عمل یا گناہوں سے نجات اور توبہ کے مواقع میسر نہیں۔

***

مثبت اندازِ فکر اختیار کیجیے

ہندوستان کے مشہور عالمِ دین و مؤرّخ مولانا عبد الحیٔ لکھنویؒ کے بیان کے مطابق پہلے زمانے میں ایک بزرگ تھے، جو بڑے عالم، فاضل، محدث اور مفسر تھے، ساری عمر درس و تدریس اور تصنیف و تالیف میں گزری تھی، جب ان کا انتقال ہوا، تو خواب میں کسی نے ان کو دیکھا کہ بڑے ہشاش بشاش اور خوش نظر آرہے ہیں، پوچھا کہ حضرت! آپ کے ساتھ کیسا معاملہ ہوا؟ فرمایا کہ اللہ تعالیٰ کا کرم ہے کہ مجھ پر اپنا فضل فرمایا، لیکن معاملہ بڑا عجیب ہوا، وہ یہ کہ میرے ذہن میں یہ تھا کہ میں نے الحمد للہ زندگی میں دین کی بڑی خدمت کی ہے، درس و تدریس، تصنیف و تالیف اور وعظ و تقریر کا ایک بڑا ذخیرہ میرے نامۂ اعمال میں جمع ہوگا، جس کے نتیجے میں اللہ تعالیٰ اپنا فضل و کرم فرمائیں گے، لیکن جب اللہ کے دربار میں پیشی ہوئی تو اللہ نے فرمایا: ہم تجھے بخشتے ہیں مگر ان خدمات کے سبب نہیں جو تیرے ذہن میں ہیں کہ تم نے اپنی زندگی میں دین کی فلاں فلاں خدمت کی ہے، بلاشبہ یہ بھی اپنی جگہ اہمیت کی حامل ہے، لیکن آج تیری بخشش کا سبب کچھ اور ہے اور وہ یہ ہے کہ ایک دن تو کچھ لکھ رہا تھا، (اس زمانے میں لکڑی کے قلم ہوتے تھے، اس قلم کو روشنائی میں ڈبو کر پھر لکھا جاتا تھا) تو نے لکھنے کے لیے اپنا قلم روشنائی میں ڈبویا، اس وقت ایک مکھی اس قلم پر بیٹھ گئی اور وہ مکھی قلم کی سیاہی چوسنے لگی، تم اس مکھی کو دیکھ کر کچھ دیر کے لیے رک گئے اور سوچنے لگے کہ یہ مکھی پیاسی ہے، اس کو پہلے روشنائی پی لینے دو، پھر میں لکھوں گا، اس لیے کہ اگر میں ابھی قلم کو حرکت دوں گا تو مکھی اڑ جائے

گی پھر اس کی پیاس بجھ نہیں سکے گی، تو نے جو اس وقت قلم کو روکا تھا وہ خالصتاً میری محبت اور میری مخلوق کی محبت میں اخلاص کے ساتھ روکا تھا، اس وقت تیرے دل میں کوئی اور جذبہ نہیں تھا، جا اس عمل کے بدلے تیری مغفرت کر دی گئی۔ (اصلاحی خطبات)

انبیائے کرام علیہم السلام کے علاوہ کسی کا خواب حجتِ شرعی تو نہیں لیکن مخلوق کے ساتھ ہمدردی، محبت اور جذبۂ خدمت کے مضامین سے ضرور اس کی تائید ہوتی ہے۔ اس طرح کا چھوٹا اور معمولی عمل بھی کبھی بڑی تبدیلی کا ذریعہ بن جاتا ہے، جیسا کہ بخاری شریف کی ایک روایت سے معلوم ہوتا ہے کہ ایک فاحشہ عورت نے ساری زندگی برا کام کیا، لیکن ایک دن راستے میں گذرتے ہوئے ایک کتے پر نظر پڑی، جو پیاس کی شدت سے تڑپ رہا تھا، وہیں قریب میں ایک کنواں تھا، اس عورت نے اپنے پاؤں سے چمڑے کا موزہ اتارا اور اس کے ذریعے کسی طرح پانی نکال کر کتے کی پیاس بجھائی، اللہ کو یہ عمل اتنا پسند آیا کہ اس کی مغفرت فرمادی۔ اس کے برعکس ایک عورت نے بلی پر ظلم کیا، یہ عورت صالحہ تھی، لیکن اس جرم کی وجہ سے اسے جہنم کا مستحق قرار دیا گیا۔ متعدد احادیث میں رسول اکرم صلی اللہ علیہ وسلم نے جانوروں کو ستانے، ناحق مارنے اور ان کو تکلیف پہنچانے سے منع فرمایا ہے۔ انسانوں کے ساتھ یہ ذمہ داری مزید بڑھ جاتی ہے، مسلم ہو یا غیر مسلم ہر ایک کے ساتھ اخلاق و انسانیت سے پیش آنے کی تاکید کی گئی ہے۔ ایک بھائی کے دل و دماغ میں جس طرح اپنے حقیقی بھائی کی محبت اور ہمدردی پوشیدہ رہتی ہے اسی طرح ایک مسلمان کو عام مسلمانوں کے ساتھ ہمدردی اور محبت کے معاملات کرنے چاہئیں۔ کسی مسلمان بھائی کو کوئی ضرورت پیش آجائے تو اس کی ضرورت اور حاجت میں سہارا دینا، اس کے کام میں از راہِ ہمدردی ہاتھ بٹانا بڑے اجر و ثواب کا موجب قرار دیا گیا ہے۔ ایک موقع پر آپؐ نے ارشاد فرمایا: من فرج عن مسلم کربۃ فرج اللہ عنہ

کربۃ من کرب یوم القیامۃ۔ (ابوداؤد، کتاب الادب) "اگر کسی نے کسی مسلمان کی مصیبت کو دور کر دیا تو اللہ تعالیٰ قیامت کے دن اس کی مصیبت اور پریشانی کو دور فرمائیں گے۔" ایک دوسری حدیث میں یہ الفاظ ہیں: من کان فی حاجۃ اخیہ کان اللّٰہ فی حاجتہ۔ یعنی جو شخص جتنی دیر اپنے بھائی کے کام بنانے اور حاجت پوری کرنے میں لگا رہے گا اللہ تعالیٰ اس وقت تک اس کی حاجت پوری کرتے رہیں گے۔ ان ارشادات کا مقصد خدمتِ خلق، ہمدردی و محبت اور حسن سلوک کے جذبے کو ابھارنا ہے کہ ایک انسان کے دل میں دوسروں کے تئیں ہمدردی اور غمخواری پائی جائے، جس میں محبت و ہمدردی کا جذبہ نہ ہو وہ بزرگ اور اللہ کا ولی تو کیا ایک انسان بھی کہلانے کا حق نہیں رکھتا۔ مولانا رومیؒ فرماتے ہیں کہ لوگوں نے تصوف اس کا نام رکھ لیا ہے کہ ہاتھ میں تسبیح ہو، مصلیٰ بچھا ہوا ہو، درویشانہ لباس ہو، حالانکہ ان چیزوں کا نام تصوف اور طریقت نہیں ہے بلکہ تصوف اور طریقت اس کے علاوہ کچھ بھی نہیں کہ تو مخلوق کی خدمت کرے، اس کے ساتھ ہمدردی اور غمگساری کا معاملہ کرے، محتاجوں اور بیکسوں کی مدد کرے۔

اس میں حکمت یہ ہے کہ تمام مخلوقات اللہ تعالیٰ کی بنائی ہوئی ہیں، جب کوئی شخص محنت سے کوئی چیز تیار کرتا ہے تو اس سے بڑی محبت ہوتی ہے اور وہ یہ چاہتا ہے کہ اس کو کوئی نقصان نہ پہنچائے، اللہ تعالیٰ نے بڑے پیار و محبت سے انسان اور دیگر مخلوقات کو بنایا ہے، اس لیے ان کے ساتھ ہمدردی کرنے والا اللہ کی نظر میں محبوب ہوتا ہے اور جو ناانصافی اور ظلم کرتا ہے اللہ تعالیٰ اسے محبت کی نظر سے نہیں دیکھتے کہ اس نے مخلوقِ خداوندی کے ساتھ ظلم کر کے خدا کو ناراض کر دیا، خاص طور پر انسان جو اشرف المخلوقات ہے اس کے ساتھ ظلم اور ناروا معاملہ غضبِ الٰہی کو دعوت دیتا ہے۔ جب حضرت نوح علیہ السلام کی قوم پر طوفان آچکا، ساری قوم اس طوفان کے نتیجے میں ہلاک

ہو گئی، اس کے بعد اللہ تعالیٰ نے وحی کے ذریعے حضرت نوح علیہ السلام کو حکم دیا کہ اب تمہارا کام یہ ہے کہ تم مٹی کے برتن بناؤ، چنانچہ حضرت نوح علیہ السلام تعمیل حکم میں مٹی کے برتن بنانا شروع کر دیے، دن رات محنت کے بعد برتنوں کا جب ڈھیر جمع ہو گیا تو دوسرا حکم اللہ کی طرف سے یہ دیا گیا کہ ان سب برتنوں کو ایک ایک کر کے توڑ دو۔ حضرت نوح علیہ السلام نے عرض کیا کہ یا اللہ! بڑی محنت سے میں نے آپ کے حکم پر یہ برتن بنائے تھے، اب آپ ان کو توڑنے کا حکم دے رہے ہیں، ارشاد ہوا کہ ہمارا یہی حکم ہے کہ ان برتنوں کو توڑ دو۔ حضرت نوح علیہ السلام نے دل سے نہ چاہتے ہوئے بھی تمام برتنوں کو توڑ دیا، کہ یہ اللہ کا حکم تھا، حکمِ الٰہی کے سامنے سر تسلیم خم نہ کرنا شانِ نبوت کے خلاف ہے، برتن توڑ دینے کے بعد اللہ تعالیٰ نے فرمایا: اے نوح! تم نے اپنے ہاتھوں سے یہ برتن بنائے اس لیے تجھے اتنی محبت ہو گئی تھی کہ تم سے توڑا نہیں جا رہا تھا، لیکن تم نے ہمیں نہیں دیکھا کہ ساری مخلوق ہم نے اپنے ہاتھ سے بنائی اور تم نے ایک مرتبہ کہہ دیا: رَبِّ لَاتَذَرْ عَلَی الْاَرْضِ مِنَ الْکَافِرِیْنَ دَیَّاراً۔ (سورۃ نوح: ۲۶) "اے میرے پروردگار! زمین میں بسنے والے سب کافروں کو ہلاک کر دے اور ان میں سے کوئی باقی نہ رہے۔" تمہارے اس کہنے پر ہم نے طوفان سے اپنی مخلوق کو ہلاک کر دیا، اشارہ اس بات کی طرف تھا کہ برتن تم نے اپنی خواہش سے نہیں میرے حکم سے بنائے تھے اور تجھے محض تھوڑی محنت کی وجہ سے اس قدر محبت ہو گئی تھی، تو اندازہ کرو کہ مجھے اپنی مخلوق سے کتنی محبت ہو گی، جسے میں نے محض اپنے منشا سے پیدا کیا۔

سورۂ حجرات آیت ۱۱، ۱۲ میں مسلمانوں کو چند ہدایات دی گئی ہیں: (۱) کوئی مرد یا عورت کسی کا مذاق نہ اڑائے، (۲) کسی کی عیب جوئی نہ کرے، (۳) کسی دوسرے کو برے لقب سے نہ پکارے، (۴) بدگمانی نہ کرے، (۵) تجسس اور ٹوہ میں نہ پڑے، (۶) کوئی کسی

کی غیبت نہ کرے۔ ان مذکورہ چیزوں سے سامنے والے کی اذیت رسانی ہوتی ہے، اس لیے ان کی مذمت بیان کی گئی ہے اور ان سے مسلمانوں کو سختی سے روکا گیا ہے۔ احادیث کی تقریباً تمام کتابوں میں الگ الگ عنوان سے مستقل ابواب کے تحت ان امور پر وعیدیں بیان کی گئی ہیں، اس لیے کہ یہ مخربِ اخلاق ہونے کے ساتھ ساتھ اللہ کے بندوں کی دل شکنی کے ذرائع ہیں، جن کی اسلام نے قطعاً اجازت نہیں دی ہے، لیکن آج مسلم معاشرہ اور اپنے سماج میں غور کیا جائے تو انسانی ہمدردی، محبت اور جذبۂ اخوت کا فقدان نظر آئے گا، ہر شخص ایک دوسرے کے خلاف ذہن رکھتا ہے۔ منفی سوچ اور مخالفانہ ذہنیت ایسی بری عادت ہے جس کے سبب تمام گناہ انجام پاتے ہیں، قتل و غارت گری، حسد، دشمنی، عداوت، لڑائی جھگڑے تمام چیزیں منفی سوچ کی پیداوار ہیں۔ شریعت نے ہمدردی اور جذبۂ اخوت کی تعلیم کے ذریعے گویا مثبت سوچ اور مثبت اندازِ فکر کی ہدایت دی ہے۔ ایک مسلمان اگر ترقی پر ہے، رہائش اچھی ہے، تجارت بھی ترقی پذیر ہے تو اسے دیکھ کر خوش ہونا چاہیے کہ ایک مسلمان بھائی ترقی کی راہ پر گامزن ہے، بلکہ بہ ضرورت اس کی حوصلہ افزائی بھی کی جائے، اس کے ساتھ ہی شیریں زبانی، مسرت کا اظہار، مثبت سوچ کی دلیل ہے اور اگر آپ اس کے مال و دولت، اچھے کاروبار، ترقی و مسرت کو دیکھ کر جلنے لگیں، اس کے تئیں دل میں حسد پیدا ہو اور ذہن میں اس کے تئیں برے خیالات پیدا ہوں تو یہ منفی سوچ ہے، جس سے اسلام نے منع کیا ہے۔ اسی طرح اہل علم، اہل ہنر، صاحبِ عزت و جاہ کو دیکھ کر ایک مسلمان کو خوش ہونا چاہیے۔ بعض لوگوں کے لیے یہ ناقابل برداشت ہوتا ہے کہ ان کے پاس پڑوس اور قرب و جوار میں کوئی ترقی کرے، عزت و ناموری کی زندگی گذارے، بلکہ خواہش یہ ہوتی ہے کہ میرے علاوہ کوئی سکھ اور چین کی زندگی نہ گذارے، عزت و دولت میں مجھ سے کوئی آگے نہ

بڑھے اور اگر کوئی آگے ہے تو اس کی عزت و آبرو کسی طرح نیلام ہو جائے۔ یہ منفی سوچ ہے، یہ طریقہ بہتر نہیں ہے، اس سے انسان کبھی آگے نہیں بڑھتا بلکہ اور نیچے چلا جاتا ہے۔ مثبت اندازِ فکر میں ہمدردی اور بھائی چارگی ہوتی ہے، اس کو اسلام نے پسند کیا ہے اور اس انداز سے ایک آدمی بہت جلد ترقی کرتا ہے اور اللہ کی رضامندی اور اجر و ثواب بھی حاصل ہوتا ہے۔

ایک حدیث میں رسول اللہ صلی اللہ علیہ وسلم نے ارشاد فرمایا: کن عالما او متعلما او محبا ولا تکن الخامسۃ والخامسۃ ان یبغض العلم واہلہ۔ "تم علم کے جاننے والے بنو یا علم کے سیکھنے والے، یا علم سکھانے والے، یا علم سے محبت کرنے والے اور پانچویں نہ ہو، ورنہ ہلاک ہو جاؤگے اور پانچویں یہ ہے کہ علم اور اہل علم سے بغض رکھا جائے۔" اس ارشاد میں آپؐ نے مثبت پہلو کے چار درجے بیان کیے ہیں، پانچواں درجہ منفی ہے، یعنی خود عالم اور ہنر مند ہونے کے بجائے اہل علم و ہنر سے بغض و عداوت کا معاملہ کیا جائے، اس لیے اس سے منع کیا گیا کہ منفی سوچ خود اس کے حق میں مہلک ہوا کرتا ہے۔ ایک موقع پر ایک یہودی نے ایک صحابی کے سامنے حضرت موسیٰ علیہ السلام کی فضیلت بیان کی اور ان کو سارے جہاں پر فوقیت دی، تو صحابی سے برداشت نہ ہوا، کیوں کہ ایک مسلمان کا عقیدہ ہے کہ سب سے افضل خاتم النبیین رسول اکرم صلی اللہ علیہ وسلم ہیں، یہودی کے طرزِ تکلم سے حضرت موسیٰ علیہ السلام کی افضلیت کا احساس ہو رہا تھا، اس لیے اس صحابی نے یہودی کے چہرے پر طمانچہ مار دیا، یہودی حضور صلی اللہ علیہ وسلم کی خدمت میں حاضر ہوا اور واقعہ بیان کیا۔ اس صحابی سے جب معاملے کی تصدیق ہو گئی تو آپؐ نے ناراضگی کا اظہار فرمایا۔ (تفصیل کے لیے دیکھئے مشکوٰۃ صفحہ: ۵۰۷) اس میں کوئی شک نہیں کہ رسول اللہ صلی اللہ علیہ وسلم اللہ کے محبوب اور سب سے افضل رسول ہیں، لیکن صحابی

کا یہ انداز جس سے منفی سوچ کا اندازہ ہو رہا تھا، مناسب نہیں تھا، اس لیے کہ حضرت موسیٰ علیہ السلام اللہ تعالیٰ کے اولوالعزم پیغمبر ہیں اور ان کے بھی بڑے فضائل احادیث میں وارد ہوئے ہیں۔ ان کی فضیلت اور نام سنتے ہی طمانچہ مارنا بہتر نہیں تھا، اس لیے آپؐ نے اس سے منع فرمایا۔

کسی کی بات پر بے جا تنقید، طعن و تشنیع، عیب جوئی وغیرہ بھی منفی سوچ کا اثر ہے، اس لیے شریعت نے ان امور سے منع کیا ہے اور یہ ہدایت دی ہے کہ ایک شخص کو دوسروں کے عیوب تلاش کرنے سے پہلے اپنے عیوب پر نظر کرنی چاہیے، جب اپنی خرابیوں پر نظر رہے گی تو زبان پر دوسروں سے متعلق تنقیدی جملے نہیں آئیں گے، اس لیے کہ جب کسی کے پیٹ میں درد ہو تو وہ خود پریشان رہتا ہے، دوسروں کے امراض اور نقائص سے اسے کیا مطلب؟ بہادر شاہ ظفر مرحوم نے کہا تھا:

تھے جو اپنی برائی سے بے خبر رہے اوروں کے ڈھونڈتے عیب و ہنر
پڑی اپنی برائیوں پر جو نظر تو نگاہ میں کوئی برا نہ رہا

جو لوگ دوسروں پر تنقید کرتے اور برا بھلا کہتے ہیں، حقیقت یہ ہے کہ ان کی نگاہ اپنی برائیوں پر نہیں ہے اور اگر ہے بھی تو نظر انداز کر دیا ہے، جس کے سبب دوسروں پر طعن و تشنیع اور تنقید کی جارہی ہے، ایک آدمی کا کام یہ ہے کہ ہر وقت یہ فکر کرے کہ میرے اندر کون سا عیب ہے؟ کون سا گناہ ہے؟ اس کو کس طرح کروں اور کس طرح اللہ کی رضامندی حاصل کروں، دوسرے میں کوئی خرابی یا کوئی عیب ہے تو اس کے دور کرنے کی میری ذمہ داری نہیں اور نہ اس کے بارے میں مجھ سے قیامت کے دن سوال کیا جائے گا۔ ارشادِ باری ہے: يٰٓاَيُّهَا الَّذِيْنَ اٰمَنُوْا عَلَيْكُمْ اَنْفُسَكُمْ لَا يَضُرُّكُمْ مَّنْ ضَلَّ اِذَا اهْتَدَيْتُمْ اِلَى اللّٰهِ مَرْجِعُكُمْ جَمِيْعًا فَيُنَبِّئُكُمْ بِمَا كُنْتُمْ تَعْمَلُوْنَ۔ (سورہ آلِ عمران: ۱۰۵) "اے ایمان والو! تم پر

اپنے نفس کی اصلاح لازم ہے، جب تم صحیح راہ پر چل رہے ہو، تو جو شخص گمراہ رہے تو اس سے تمہارا کوئی نقصان نہیں، اللہ ہی کے پاس تم سب کو جانا ہے، پھر وہ تم سب کو بتادیں گے جو کچھ تم کیا کرتے تھے۔"

واضح رہے کہ امر بالمعروف اور نہی عن المنکر اپنی جگہ پر لازم اور اس امت کا فریضہ ہے، مگر اس کے لیے تنقید، طعن و تشنیع کا پہلو نہیں اپنایا جاسکتا۔ تفسیر درِّ منثور میں حضرت عبداللہ بن عمر رضی اللہ عنہما کا واقعہ نقل کیا گیا ہے کہ ان کے سامنے کسی نے یہ سوال کیا کہ فلاں فلاں حضرات میں باہمی سخت جھگڑا ہے، ایک دوسرے کو مشرک کہتے ہیں، تو حضرت ابن عمرؓ نے فرمایا کہ کیا تمہارا یہ خیال ہے کہ تمہیں یہ کہہ دوں گا کہ جاؤ ان لوگوں سے قتال کرو، ہرگز نہیں، جاؤ ان کو نرمی کے ساتھ سمجھاؤ، قبول کریں تو بہتر اور نہ کریں تو ان کی فکر چھوڑ کر اپنی فکر میں لگ جاؤ، پھر یہی آیت آپؓ نے جواب کی شہادت میں تلاوت فرمائی۔ (معارف القرآن: ۳/ ۲۵۱)

اسی طرح علمی تنقید و جرح کی اجازت ہے۔ حضرات محدثین کا جرح و تعدیل اسی باب سے تعلق رکھتا ہے اور آج تک ہر دور میں علمی تنقید و تبصرے کا سلسلہ رہا ہے، اسے کوئی برا نہیں سمجھتا اور نہ اس کی ممانعت ہے، لیکن اگر عار دلانا، بے عزت کرنا، آبروریزی اور عیب جوئی کرنا مقصد ہو تو پھر یہ ناجائز اور حرام ہے۔ رسول اکرم صلی اللہ علیہ وسلم کا ارشاد ہے: "اگر کوئی شخص اپنے بھائی کو ایسے گناہ پر عار دلائے جس گناہ سے توبہ کر چکا تھا تو یہ شخص اس وقت تک نہیں مرے گا جب تک خود عار دلانے والا اس گناہ میں مبتلا نہیں ہو جائے گا۔" (ترمذی) ایک موقع پر آپؐ نے یہ بھی فرمایا: إذا قال الرجل هلك الناس فهو اهلكهم۔ (صحیح مسلم) یعنی اگر کوئی آدمی یہ کہے کہ لوگ ہلاک اور برباد ہوئے تو اس طرح کہنے والا سب سے زیادہ ہلاک ہونے والا ہو گا۔ یہ حدیث عام ہے، عقائد،

عبادات، معاملات و معاشرت کسی بھی شعبۂ زندگی میں دوسرے کو ہلاک اور برباد ہونے سے تعبیر کیا جائے اور اپنے آپ کو نجات پانے والا، باعزت تصور کرے تو دوسرے کو از راہِ حقارت و تنقیص کہنے والا آدمی خود اس کا شکار ہو جائے گا اور اس سے بری حالت اسی کی ہو گی، اس لیے لازم ہے کہ سب سے پہلے اپنی اصلاح کی فکر کی جائے اور عام مسلمانوں کے ساتھ ہمدردی، غمخواری اور خیر خواہی کی جائے، کہ اسی سے اتحاد اور یگانگت کا ماحول تشکیل پا سکتا ہے جس کی دورِ حاضر میں سخت ضرورت ہے۔

***

جذبات کو قابو میں رکھیے!

زندگی میں بیشتر ایسے واقعات پیش آتے ہیں جن میں انسان جذبات سے مغلوب ہو جاتا ہے اور غیظ و غضب سے رگیں پھڑکنے لگتی ہیں۔ دل چاہتا ہے کہ فوری طور پر انتقامی کارروائی کی جائے، جیسا بھی ہو سکے سامنے والے کو اپنی برتری اور طاقت کا ایسا کرشمہ دکھایا جائے کہ دشمن طاقتیں ہمیشہ کے لیے زیر ہو جائیں ممکن ہے اس سے ذہنی و قلبی سکون ملے اور مختلف خطرات سے نجات بھی، مگر اسلام نے جذبات میں آکر کسی فیصلہ کی اجازت نہیں دی ہے، تمام ایسے مواقع پر جہاں انسان عام طور پر بے قابو ہو جاتا ہے، شریعت نے اپنے آپ کو قابو میں رکھنے، عقل و ہوش سے کام کرنے اور واقعات سے الگ ہو کر واقعات کے بارے میں سوچنے اور غور و فکر کرنے کی دعوت دی ہے جس کو قرآن کی اصطلاح میں صبر کہا جاتا ہے۔

قرآن میں "صبر" مختلف معانی میں استعمال کیا گیا ہے، اس کا ایک معنی یہ بھی ہے کہ برائی کرنے والوں کی برائی اور بد خواہ لوگوں کے قصور کو معاف کیا جائے یعنی حاسدین اور دشمنوں کے تکلیف دہ کاموں پر غصہ اور اشتعال کے بجائے تحمل، بردباری اور برداشت سے کام لیا جائے، ارشادِ باری ہے: وَلَا تَسْتَوِي الْحَسَنَةُ وَلَا السَّيِّئَةُ اِدْفَعْ بِالَّتِي هِيَ اَحْسَنُ فَاِذَا الَّذِي بَيْنَكَ وَبَيْنَهُ عَدَاوَةٌ كَاَنَّهُ وَلِيٌّ حَمِيمٌ، وَمَا يُلَقّٰهَا اِلَّا الَّذِيْنَ صَبَرُوْا وَمَا يُلَقّٰهَا اِلَّا ذُوْ حَظٍّ عَظِيْمٍ۔ (سورہ فصلت: ۳۴) اور بھلائی اور برائی برابر نہیں اگر کوئی برائی کرے تو اس کا جواب اچھائی سے دو، پھر تو تیرے اور جس کے درمیان دشمنی ہے وہ ایسا ہو جائے گا گویا

دوست ہے ناتے والا اور یہ بات ملتی ہے انہیں کو جنہیں صبر ہے اور یہ بات ملتی ہے اس کو جس کی بڑی قیمت ہے۔

حضرت عبد اللہ بن عباسؓ سے اس آیت کی تفسیر میں منقول ہے کہ خدا نے اس آیت میں ایمان والوں کو غیظ و غضب میں صبر کا اور نادانی و جہالت کے وقت حلم و بردباری کا اور برائی کے مقابلہ میں عفو و درگذر کا حکم دیا ہے جب وہ ایسا کریں گے تو خدا ان کو شیطان کے اثر سے محفوظ رکھے گا۔ (تفسیر کبیر: ۱۳/ ۶۴۰)

معلوم ہوا کہ غصہ اور اشتعال شیطانی اثر ہے، شیطان انسان کو مختلف تدابیر کے ذریعہ ابھارنا چاہتا ہے تاکہ وہ جذبات میں آکر کوئی ایسا کام کر بیٹھے جو اس کے لیے دوررس نقصانات کا باعث بنے، اسی لیے قرآن نے ہمیشہ عفو و درگذر کی تعلیم دی ہے اور یہ پیغام دیا ہے کہ معاف کرنے والوں کے لیے آخرت میں بڑا اجر ہے۔ بدخواہ اور حاسدین دنیا میں جتنا چاہیں تمسخر اور مذاق اڑالیں، ایک دن ضرور ان کو اپنے کیے ہوئے پر افسوس کا اظہار کرنا ہوگا، دنیا میں اگر کسی مصلحت کے سبب نجات مل بھی گئی تو قیامت جو عدل و انصاف کا دن ہے، وہاں پر ہر ایک کو اچھے اور برے عمل کا بدلہ مل کر رہے گا۔ خدا نے اپنا یہ فیصلہ ان الفاظ میں سنایا ہے

: قُلْ لِلَّذِيْنَ اٰمَنُوْا يَغْفِرُوْا لِلَّذِيْنَ لَا يَرْجُوْنَ اَيَّامَ اللّٰهِ لِيَجْزِيَ قَوْمًا بِمَا كَانُوْا يَكْسِبُوْنَ مَنْ عَمِلَ صَالِحًا فَلِنَفْسِهٖ وَمَنْ اَسَاءَ فَعَلَيْهَا ثُمَّ اِلٰى رَبِّكُمْ تُرْجَعُوْنَ۔ (سورہ جاثیہ: ۲۴)

"ایمان والوں سے کہہ دیجیے کہ ان کو جو اللہ کے جزا و سزا کے واقعات پر یقین نہیں رکھتے معاف کر دیا کریں تاکہ لوگوں کو ان کے کاموں کا بدلہ ملے، جس نے اچھا کیا اس نے اپنے بھلے کے لیے کیا اور جس نے برا کیا اس نے اپنا برا کیا، پھر تم اپنے پروردگار کے پاس لوٹائے جاؤ گے"

اس آیت کے شان نزول میں لکھا ہے کہ کسی منافق یا کافر نے کسی مسلمان سے کوئی بدتمیزی کی بات کہی تھی، اس سے بعض مسلمانوں کو طیش آیا، تو اللہ تعالیٰ نے یہ آیت نازل کی اور مسلمانوں کو عفو و درگذر کی نصیحت کی گئی۔ (تفسیر کبیر ۱۴/ ۱۷۳)

اس مفہوم پر مشتمل متعدد آیات قرآن میں نازل کی گئی ہیں جن میں مختلف پیرایہ سے جذباتیت کے بدلے حقیقت پسندی، غصہ اور اشتعال کے بجائے صبر و تحمل اور انتقامی کارروائی چھوڑ کر بردباری اور قوت برداشت کی صفت اختیار کرنے کی تلقین کی گئی ہے اور بتایا گیا ہے کہ صبر کا راستہ جنت کا راستہ ہے اور کسی ناخوشگوار واقعہ پر کسی بھائی کے خلاف نفرت اور انتقام کی آگ بھڑک اٹھنا شیطانی راستہ ہے اور شیطان انسان کا ازلی دشمن ہے، اس لیے اس سے جہاں تک ہو سکے پرہیز کرنا چاہیے۔ (سورہ فاطر: ٦)

حضرت معاذ بن انسؓ سے روایت ہے کہ رسول اکرم ﷺ نے ارشاد فرمایا: جو شخص اپنا غصہ اتارنے اور بدلہ لینے پر قادر ہو اور اس کے باوجود وہ اپنے غصہ کو دبائے اور قابو میں رکھے تو اللہ تعالیٰ اس کو قیامت کے دن مخلوق کے سامنے بلائیں گے اور اختیار دیں گے کہ وہ جنت کی آہو چشم حوروں میں سے جس کو چاہے لے لے۔ (ترمذی)

حضرت ابو ہریرہ رضی اللہ عنہ سے روایت ہے کہ ایک شخص نے رسول اللہ صلی اللہ علیہ وسلم سے عرض کیا یا رسول اللہ! آپ مجھے کوئی وصیت فرمایئے۔ جس پر میں عمر بھر کاربند رہوں، آپؐ نے فرمایا: غصہ کبھی مت کرنا، راوی کہتے ہیں اس شخص نے اپنی کوتاہ فہمی کی وجہ سے بار بار یہی سوال لوٹایا، مجھے وصیت کیجیے، آپ نے ہر مرتبہ یہی جواب دیا، غصہ کبھی مت کرنا۔ (صحیح بخاری)

غصہ ایمان و عمل کے لیے انتہائی مہلک ہے، خلاف مزاج کسی واقعہ پر جب انسان بے قابو ہو جاتا ہے تو تمام شرعی رکاوٹیں اس کے لیے بے اعتبار ہو جاتی ہیں اور وہ غصہ کی

حالت میں جو چاہتا ہے کر ڈالتا ہے۔ اس لیے آپؐ نے حدیث مذکور میں غیظ و غضب سے دور رہنے کی تاکید کی ہے، مشہور عالم دین مولانا محمد ادریس میرٹھی اس حدیث کے تحت غصہ کی قباحت اور اس کے تباہ کن اثرات پر روشنی ڈالتے ہوئے لکھتے ہیں:

"حقیقت یہ ہے کہ اچھے سے اچھا سمجھدار انسان بھی شدید غصہ کی حالت میں عقل وخرد سے خارج اور بالکل پاگل ہو جاتا ہے، نہ خدا رسول کی تعلیمات کا ہوش رہتا ہے نہ اخلاق و انسانیت کے تقاضوں کا، اسی لیے کہا گیا ہے: اَلْغَضَبُ جُنُوْنُ سَاعَةٍ (غصہ تھوڑی دیر کی دیوانگی کا نام ہے) علماء اخلاق نے لکھا ہے کہ بعض مرتبہ شدتِ غیظ و غضب سے انسان کی موت واقع ہو جاتی ہے یا مستقل طور پر پاگل ہو جاتا ہے اور یہ تو بالکل عام بات ہے کہ غصہ فرو ہونے کے بعد انسان خود کو اپنے کیے پر ملامت کیا کرتا ہے اور بسا اوقات بڑے بڑے دوررس نقصانات اٹھانے پڑتے ہیں اور اس غصہ کے بھوت پر قابو پانا صبر و ضبط کا ملکہ پیدا کیے بغیر اور برداشت و تحمل کی عادت ڈالے بغیر ممکن نہیں، لہٰذا غصہ نہ کرنے کی وصیت کا منشا درحقیقت صبر و ضبط کی عادت ڈالنے کی وصیت فرمانا ہے" (شرح ریاض الصالحین: ۱۳۵)

جذبات کو قابو میں رکھنے اور صبر و تحمل کی فضیلت اور ثواب کی کثرت اس بنیاد پر بھی ہے کہ اس میں ایک شخص کو امتحان کی مختلف راہ سے گذرنا پڑتا ہے۔ کہیں ملتے ہوئے فائدوں سے محرومی کو گوارا کرنا پڑتا ہے، کبھی خارجی مجبوری کے بغیر خود سے اپنے آپ کو کسی چیز کا پابند کر لینا پڑتا ہے۔ کہیں اپنی بے عزتی کو برداشت کرنا پڑتا ہے۔ کہیں زیادہ کو چھوڑ کر کم پر قانع ہونا پڑتا ہے، کہیں قدرت رکھتے ہوئے اپنے ہاتھ پاؤں کو روک لینا پڑتا ہے۔ کہیں اپنی مقبولیت کو دفن کرنے پر راضی ہونا پڑتا ہے، کہیں شہرت اور استقبال کے راستے کو چھوڑ کر گمنامی کے طریقے کو اختیار کرنا پڑتا ہے، کہیں الفاظ کا ذخیرہ ہوتے

ہوئے اپنی زبان کو بند کر لینا پڑتا ہے، کہیں جانتے بوجھتے دوسرے کا بوجھ اپنے سر پر لے لینا پڑتا ہے، کہیں اپنے آپ کو ایسے کام میں شریک کرنا پڑتا ہے جس میں کسی قسم کا کوئی کریڈٹ ملنے والا نہیں، ان تمام مواقع پر نفس کو کچل کر خلافِ نفس کام کرنے پر اپنے آپ کو مجبور کرنا پڑتا ہے، یہی وہ راز ہے جس سے انسان کا سفر ہمیشہ بلندی کی طرف جاری رہتا ہے، وہ کبھی ٹھوکر نہیں کھاتا اور نہ کبھی سخت مایوسی کا شکار ہونا پڑتا ہے لیکن جذبات اور غیظ وغضب سے ہمیشہ انسان کو نقصان پہنچتا ہے اس میں فائدے کا کوئی پہلو نہیں۔ یہی وجہ ہے کہ رسول اکرم صلی اللہ علیہ وسلم نے ساری قوتوں کے باوجود کبھی انتقامی جذبات سے کام نہیں لیا۔ قریش نے آپ کو گالیاں دیں، مارنے کی دھمکی دی، راستوں میں کانٹے بچھائے، جسم اطہر پر نجاستیں ڈالیں، گلے میں پھندا ڈال کر کھینچا، آپ کی شان میں ہزار گستاخیاں کیں مگر کوئی ایسی مثال نہیں کہ غیظ وغضب سے بے قابو ہو کر آپؐ نے کوئی کارروائی کی ہو، اگر آپؐ چاہتے تو ایک اشارہ میں ہزاروں خون آشام تلواریں نکل سکتی تھیں جو آپ کی شان میں گستاخی اور بے ادبی کرنے والوں کا کام تمام کرنے کے لیے کافی ہو جاتیں مگر قربان جایئے رحمتِ دو عالم صلی اللہ علیہ وسلم پر جنہوں نے اس راہ کو اختیار کیا اور نہ مسلمانوں کو اس کی ہدایت دی بلکہ موقع بہ موقع آپؐ صحابۂ کرام کے جذبات کو سکون دینے کی کوشش کرتے اور انہیں صبر وضبط تواضع وبردباری کا سبق سکھاتے رہتے، یہی وجہ ہے کہ حضرت عمر فاروقؓ جیسے سخت مزاج صحابیٔ پیغمبر کا بھی مزاج اسلام قبول کرنے کے بعد نرم پڑ گیا تھا، وہی عمر جو معمولی باتوں میں تلواریں سونت لیا کرتے تھے جب اسلام کی دولت سے سرفراز ہوئے اور مزاج نبوت سے آشنا ہوئے تو تحمل وبردباری کا حیرتناک جذبہ ان میں پیدا ہوا۔ عین اس وقت جب کہ عام انسانوں کا قابو میں رہنا مشکل ہوتا ہے، حضرت عمر فاروقؓ معافی کا اعلان کر دیا کرتے تھے۔ امام نوویؒ نے اپنے

منتخب کردہ حدیث کے مجموعہ "ریاض الصالحین" میں حضرت عمر فاروقؓ کے صبر و تحمل کا ایک واقعہ بیان کیا ہے جو بہت دلچسپ ہے اور عبرتناک بھی، مناسب معلوم ہوتا ہے کہ ذیل میں ایک نظر اس پر ڈال لی جائے:

حضرت عبد اللہ بن عباسؓ سے روایت ہے کہ ایک عرب قبیلہ کا سردار عیینہ بن حصن مدینہ آیا اور اپنے بھتیجے حر بن قیس کے پاس ٹھیرا، حر بن قیس ان لوگوں میں سے تھے جن کو فاروق اعظمؓ کے پاس بڑی قربت تھی بلکہ وہ اراکین شوریٰ میں سے تھے، راوی کا بیان ہے کہ حضرت عمر فاروقؓ کے مقرب وہم نشیں عالم و حفاظِ قرآن ہی ہوا کرتے تھے خواہ وہ بڑے ہوں یا چھوٹے، سن رسیدہ ہوں یا نوعمر، بہر حال عیینہ نے اپنے بھتیجے حر بن قیس سے کہا! برادر زادے تمہیں امیر المومنین سے خاص قرب حاصل ہے تم مجھے ملاقات کی اجازت لے دو، چنانچہ حر بن قیس نے ملاقات کی اجازت طلب کی، حضرت عمرؓ نے اجازت دے دی، جب یہ دونوں فاروق اعظمؓ کی خدمت میں حاضر ہوئے تو عیینہ نے کہا: اے خطاب کے بیٹے: وہ شکایت جس کے پیش کرنے کے لیے میں آیا ہوں یہ ہے کہ خدا کی قسم، تم ہم کو زیادہ نہیں دیتے ہو اور ہمارے حق میں عدل و انصاف کا معاملہ بھی نہیں کرتے ہو، فاروق اعظم رضی اللہ عنہ اس دریدہ دہنی اور افترا پردازی پر سخت غصہ ہوگئے۔ یہاں تک کہ آپ نے قصد کر لیا کہ اسے عبرتناک سزا دی جائے۔ حر بن قیس فوراً بول پڑے: امیر المؤمنین! اللہ تعالیٰ نے اپنے نبی کو حکم دیا ہے: خُذِ الْعَفْوَ وَأْمُرْ بِالْعُرْفِ وَاَعْرِضْ عَنِ الْجَاهِلِيْن۔ "عفو کو اختیار کرو، بھلی بات کا حکم دو اور جاہلوں سے درگذر کرو" میرا چچا عیینہ بن حصن یقیناً جاہلوں میں سے ہے اور اسلامی اخلاق و آداب سے نابلد ہے، راوی حدیث حضرت ابن عباس کہتے ہیں کہ خدا کی قسم جوں ہی حر بن قیس اس آیت کریمہ کی تلاوت کی، حضرت عمرؓ کا غصہ بالکل سرد پڑ گیا اور انہوں نے آیت

کریمہ کے حکم سے بال برابر بھی تجاوز نہیں کیا۔ (شرح ریاض الصالحین از مولانا محمد ادریس میرٹھی، صفحہ ۱۳۶-۱۳۷)

کسی شخص کی کامیابی اور بلندی کا راز یہ ہے کہ انتہائی جذباتی مواقع پر انتہائی عقل و دانش سے فیصلہ کرے۔ انفرادی زندگی میں تحمل اور صبر وضبط کی ضرورت تو ہے ہی لیکن اس کی اہمیت اجتماعی جگہوں میں مزید بڑھ جاتی ہے، جہاں مختلف اذہان اور طبیعت کے لوگوں سے واسطہ پڑتا ہے، ظاہر ہے کہ کسی فیصلہ یا میمورنڈم پر غور کرتے ہوئے تمام ذہنوں کی رعایت نہیں کی جاسکتی۔ اس میں بعض کی موافقت ہوگی تو بعض کی مخالفت بھی، ساتھ رہتے ہوئے بہت سی ناموافق باتیں بھی پیش آتی ہیں، کبھی مزاجوں کا اختلاف دل شکنی کا باعث ہوتا ہے تو کبھی کسی کی تنقید سے خفت اٹھانی پڑتی ہے بلکہ قدم قدم پر ہزار امتحانی راہوں سے گذرنا پڑتا ہے اگر تحمل اور صبر وضبط سے کام نہ لیا جائے تو ایک دن بھی اجتماعی جگہوں میں شریک رہنا مشکل ہوگا۔ اس طرح سماجی تنظیموں اور اداروں کا نقصان تو ہوگا ہی مگر خود اس کی زندگی تباہ اور ناکارہ ہو جائے گی، ہزار صلاحیتوں کے باوجود اس کا علم و ہنر بے فیض اور ناکام ہوگا، اس لیے اپنی شخصیت کو نکھارنے، مسائل سے نجات پانے اور خوش گوار زندگی گذارنے کے لیے ضرورت ہے کہ جذبات کو قابو میں رکھا جائے۔

***

زندگی کے ہر شعبے میں اعتدال اور توازن پیدا کیجیے!

اعتدال بیچ کی کیفیت کو کہا جاتا ہے یعنی کسی بھی فعل اور عمل میں افراط و تفریط، کمی اور زیادتی کے بغیر میانہ روی کو اختیار کرنا۔ یہ ایسا وصف ہے جس سے ایک انسان کامیاب اور ہمیشہ خوش خوش رہتا ہے، خیر و بھلائی اور بہتر زندگی گزارنے کے لیے ایک شخص کے لیے ضروری ہے کہ ہر شعبۂ حیات میں اعتدال و توازن اور میانہ روی اختیار کرے۔ اعتدال اگر چھوڑ دیا جائے تو ہلاکت، خسران اور گمراہی کے سوا کچھ بھی ہاتھ نہیں آسکتا۔

جیسے انسان کا بدن چار عناصر خون، بلغم، سوداء، صفراء سے مرکب ہوتا ہے اور ان ہی چاروں اخلاط سے پیدا شدہ چار کیفیات انسان کے بدن میں ضروری ہیں، گرمی، ٹھنڈک، خشکی اور تری جس وقت یہ چاروں کیفیات مزاج انسانی کے مناسب حدود کے اندر معتدل رہتی ہیں وہ بدنِ انسانی کی صحت و تندرستی کہلاتی ہے اور جہاں ان میں سے کوئی کیفیت مزاج انسانی کی حد سے زیادہ ہو جائے یا گھٹ جائے وہی مرض اور بیماری کا سبب بن جاتا ہے۔ اگر فوری طور پر اس کی اصلاح و علاج نہ کیا جائے تو ایک حد میں پہنچ کر وہی موت کا پیام ہو جاتا ہے۔

اخلاق و روحانیت کا بھی یہی حال ہے، جب تک اس میں توازن اور اعتدال قائم رہتا ہے، وہ مطلوب و مقصود ہوتا ہے، اگر اعتدال نہ رہے تو اسے روحانی موت سمجھنا چاہیے۔ وہ خدا کے نزدیک پسندیدہ نہیں ہے، سورہ حدید آیت ۲۵ میں انبیاء کرام کے بھیجے جانے اور ان پر کتابیں نازل کرنے کی حکمت یہی بتائی گئی ہے کہ وہ ان کے ذریعہ لوگوں میں

اخلاقی اور عملی اعتدال پیدا کریں۔ کسی بھی قوم کی صحت مندی اور اعلیٰ وارفع ہونے کا راز یہ ہے کہ وہ اخلاق و عمل کے اعتبار سے معتدل اور متوازن رہے، یہی وجہ ہے کہ اللہ تعالیٰ نے اس امت کو سب سے زیادہ معتدل بنایا۔

عقائد و اعمال، معاشرہ و سماج، تہذیب و تمدن، معاشیات و اقتصادیات ہر اعتبار سے آپ صلی اللہ علیہ وسلم کی امت درمیانہ راہ پر ہے۔ پچھلی امتوں میں بعض نے اللہ کے رسولوں کو اس کا بیٹا بنالیا اور ان کی عبادت اور پرستش کرنے لگے اور دوسری طرف بعض قوموں نے مسلسل معجزات دیکھنے اور برتنے کے باوجود جب انہیں جنگ و جہاد کی دعوت دی گئی تو انھوں نے صاف کہہ دیا:

فَاذْہَبْ اَنْتَ وَرَبُّکَ فَقَاتِلا اِنَّا ھٰھُنَا قَاعِدُوْن۔ "آپ اپنے پروردگار کے ساتھ جا کر جہاد کر لیجیے، ہم تو یہاں بیٹھے ہیں۔" بعض انبیاء کرام کو خود ان کے ماننے والوں نے بہت سخت تکلیف پہنچائی۔ اس سلسلے میں امتِ محمدیہ کو افراط اور تفریط سے بچا کر راہِ اعتدال پر رکھا گیا۔

مسلمان ایک طرف اپنے سرکار رسول اکرم صلی اللہ علیہ وسلم سے بے پناہ محبت رکھتے ہیں کہ ان کے نام پر اپنی جان و مال، عزت و آبرو سب کچھ قربان کر دینے کو اپنے لیے سعادت سمجھتے ہیں، دوسری طرف یہ اعتدال ہے کہ رسول کو رسول اور خدا کو خدا سمجھتے ہیں یعنی رسول اکرم صلی اللہ علیہ وسلم کے لیے تمام فضائل و کمالات کا اعتراف ہے مگر اللہ کے بعد، یہی وہ اعتدال ہے جس کے سبب اللہ تعالیٰ نے اس امت کو تمام اگلی امتوں سے افضل اور اشرف بنایا۔ ارشادِ باری ہے:

وَكَذٰلِكَ جَعَلْنٰكُمْ اُمَّةً وَّسَطًا لِّتَكُوْنُوْا شُهَدَآءَ عَلَى النَّاسِ وَيَكُوْنَ الرَّسُوْلُ عَلَيْكُمْ شَهِيْدًا (البقرہ:۱۴۳) "اور اسی طرح ہم نے تمہیں ایک معتدل امت بنایا تاکہ تم گواہ رہو

لوگوں پر اور رسول گواہ رہیں تم پر"...

اس آیت میں بتایا گیا ہے کہ جس طرح ہم نے مسلمانوں کو وہ قبلہ عطا کیا جو سب سے افضل اور اشرف ہے، اسی طرح ہم نے امتِ اسلامیہ کو ایک خاص امتیازی فضیلت یہ عطا کی کہ اس کو ایک معتدل امت بنایا جس کے نتیجہ میں ان کو میدان حشر میں یہ امتیاز حاصل ہوگا کہ اگلی امتیں جب اپنے انبیاء علیہم السلام کی ہدایت و تبلیغ سے مکر جائیں گی تو یہ امت انبیائے کرام علیہم السلام کے حق میں شہادت دے گی اور اس کی شہادت اللہ کے دربار میں قبول کی جائے گی۔ اس کی تفصیل مذکورہ آیت کے ذیل میں دیکھی جاسکتی ہے۔

اس سے معلوم ہوتا ہے کہ اعتدال انسان کا زیور اور جوہر شرافت و فضیلت ہے، انسان جب اسے اختیار کرتا ہے تو درجۂ کمال تک پہنچ جاتا ہے، رسول اکرم صلی اللہ علیہ وسلم کی اس امت کو سب سے معتدل بنائے جانے میں یہی حکمت کارفرما ہے۔ کہا جاتا ہے کہ قدیم زمانے میں یونان کے اندر ایک مشہور حکیم رہتا تھا وہ ماہر اور حکیم حاذق تھا۔ غریبوں اور محتاجوں کا علاج مفت کیا کرتا تھا۔ اس لیے سب ہی لوگ اس ہمدرد حکیم سے محبت کرتے تھے، ایک مرتبہ حکیم خود ایسا بیمار پڑا کہ لوگوں کو اس کے بچنے کی کوئی امید نہ رہی، بچے، بوڑھے، جوان اور عورتیں غرض شہر کے سب ہی لوگ اس کے بستر کے قریب جمع ہوگئے اور ان سب کی آنکھوں سے آنسو جاری تھے کہ ان کا ہمدرد معالج اب آخری سانسیں لے رہا ہے۔

اچانک حکیم نے اپنی آنکھیں کھولیں اور پوچھا، لوگو! تم سب کیوں رو رہے ہو؟ ایک آدمی نے کہا: ہمیں آپ سے بچھڑنے کا بہت غم اور فکر ہے کہ آپ کے بعد ہم غریبوں کا کون علاج کرے گا؟ اس کے بعد حکیم نے اطمینان سے جواب دیا، خدا کا حکم ہے کہ اب میں اس دنیا میں نہ رہوں اور اس کے حکم کو کوئی نہیں ٹال سکتا، ہاں، تم لوگ گھبراؤ نہیں،

میں تمہارے واسطے چار بڑے حکیم چھوڑ کر جارہا ہوں جو بغیر فیس لیے تمہاری خدمت کریں گے اور بیماریاں تم سے دور رہیں گی، ان حکیموں کے نام یہ ہیں: (۱) ورزش (۲) غسل (۳) مسواک (۴) اعتدال و احتیاط۔ یہ کہہ کر حکیم کی سانس اکھڑ گئی اور وہ ہمیشہ کے لیے اس دنیا کو چھوڑ کر چلا گیا۔

ورزش، غسل اور مسواک اپنی جگہ پر تو اہم ہیں ہی لیکن اعتدال و احتیاط بھی واقعی بہت اہمیت کا حامل ہے۔ کھانے پینے، چلنے پھرنے اور معمولات شب و روز میں اعتدال کی حد سے تجاوز صحت کو متاثر کر دیتا ہے اور متاثرہ صحت بدن کو سست، دل کو بوجھل اور زندگی کو بار بنا دیتی ہے۔ معاشرتی رویوں، دوستی اور دشمنی، غنیٰ اور فقر یا عام زندگی کے معمولات میں اگر اعتدال کا خیال نہ رکھا جائے تو ہزار مسائل جنم لیں گے۔ مختلف الجھنیں پیدا ہوں گی۔ راہ ہموار ہونے کے بجائے مسدود دکھائی دے گی اور ایک حد پر پہنچ کر خوشگوار زندگی مایوسی میں تبدیل ہو جائے گی۔

رسول اکرم صلی اللہ علیہ وسلم سے بڑھ کر کوئی جسمانی اور روحانی حکیم پیدا نہیں ہو سکتا، آپ کا معمول تھا کہ کھجور کے ساتھ کھیرا تناول فرماتے، ایک کی تاثیر گرم اور دوسرے کی ٹھنڈی ہے، آپؐ فرماتے: اس طرح ایک کی حرارت دوسرے کی ٹھنڈک سے کم ہو جاتی ہے اور اعتدال آ جاتا ہے۔ (ترمذی) صرف کھانا پینا نہیں بلکہ زندگی کے تمام شعبوں میں رسول اللہ صلی اللہ علیہ وسلم کا یہی معمول تھا، چنانچہ حضرت ابو عبداللہ جابر بن سمرۃ رضی اللہ عنہ کا بیان ہے کہ میں رسول اللہ صلی اللہ علیہ وسلم کے پیچھے تمام نمازیں پڑھا کرتا تھا، میں نے محسوس کیا کہ آپؐ کی جمعہ کی نماز متوسط ہوتی تھی اور جمعہ کا خطبہ بھی متوسط ہوتا تھا (صحیح مسلم)

زمانۂ نبوت میں اہم ذریعۂ ابلاغ جمعہ کا خطبہ تھا۔ آپ چاہتے تو مسائل اور دین کی

باتیں بتانے کے لیے خطبۂ جمعہ کو طویل کر دیتے۔ صحابۂ کرام مکمل شوق و دلچسپی سے آپؐ کی بات کو سنا کرتے تھے، وہاں الجھن اور اکتاہٹ کا کوئی سوال ہی نہ تھا، مگر قربان جایئے رسول اکرم صلی اللہ علیہ وسلم پر جو انسان کی اندرونی کیفیات سے مکمل واقف تھے، کہیں ایسا نہ ہو کہ خطبہ لوگوں کی اکتاہٹ اور اعراض کا باعث بن جائے، خطبہ طویل نہ فرماتے تھے۔ اگر صحابۂ کرامؓ نے شوق میں سن بھی لیا تو یہ سنت بعد کے لوگوں میں جاری ہونے کا اندیشہ تھا، اعتدال سے ہٹا ہوا خطبہ تقریر یا جلسہ وغیرہ اسی لیے کامیاب اور مفید و منتج نہیں ہوتا کہ فطری تقاضے کی بنیاد پر انسان کے دل و دماغ کے لیے طویل بیان گراں بن جاتا ہے، بوجھل طبیعت کے ساتھ سنی ہوئی بات میں کیا تاثیر ہو سکتی ہے۔

یہی وجہ ہے کہ صرف جمعہ کا خطبہ نہیں بلکہ جتنے مواقع پر آپؐ سے خطبات منقول ہیں وہ انتہائی جامع اور مختصر ہیں، ان خطبات کا اثر تھا کہ صحابۂ کرام کے جذبات مچل جایا کرتے۔ زنگ آلود ذہن منٹوں میں بدل جاتا اور اللہ کے راستے میں مال خرچ کرنے اور اپنی جان قربان کر دینے کے لیے تیار ہو جایا کرتے تھے، آپؐ کی نماز بھی معتدل ہوا کرتی تھی، نہ زیادہ لمبی اور نہ ہی مختصر بلکہ متوسط اور درمیانہ، معذور اور ضعیف و بیمار لوگوں کا حد درجہ خیال فرماتے تھے۔

مسائل و جزئیات پر غور کرنے سے معلوم ہوتا ہے کہ مذہب اسلام افراط و تفریط سے پاک ہے۔ اس نے اکثر معاملوں میں اعتدال اور میانہ روی کی تعلیم دی ہے۔ رسول اکرم صلی اللہ علیہ وسلم نے ایک موقع پر ارشاد فرمایا: ما احسن القصد فی الغنی ما احسن القصد فی الفقر ما احسن القصد فی العبادۃ (کنز العمال) یعنی دولتمندی میں میانہ روی کتنی اچھی ہے، محتاجگی میں میانہ روی کتنی اچھی ہے، عبادت میں میانہ روی کتنی اچھی ہے... انسان جب زیادہ دولت مند ہو جائے تو وہ قارونِ وقت بن جاتا ہے، اللہ اور اس کے حقوق سے غفلت

طاری ہو جاتی ہے اس لیے حد سے زیادہ دولت بہتر نہیں ہے، اسی طرح فقر اور محتاجگی میں بھی بے اعتدالی مہلک ہے، اس سے صبر، خودداری اور تمام شریفانہ اوصاف داؤ پر لگ جاتے ہیں، بسا اوقات محتاجگی اور فقیرانہ زندگی کے سبب لوگ اپنے ایمان سے ہاتھ دھو بیٹھتے ہیں، اسی لیے آپؐ نے تعلیم دی کہ دولتمندی کی حالت نہ حد سے زیادہ بلند ہونا چاہیے نہ محتاجی کی حالت میں اپنی معیشت سے گر جانا چاہیے۔

اسلام میں عبادت سے بڑھ کر اور کوئی نیکی کا کام نہیں مگر اسلام نے یہاں بھی اعتدال کا سبق دیا ہے۔ اتنی کثرت سے نوافل، نماز اور روزہ نہ شروع کر دے کہ انسان مرض کا ہدف بن جائے اور چند دنوں کے بعد عبادت کا اہل نہ رہے۔ یا دوسروں کے حقوق تلف ہوں اور اتنا کم بھی نہ ہو کہ اللہ کا حق ادا نہ ہو سکے اور فرائض و واجبات کی ادائی میں کوتاہی کی جائے۔

حضرت انس رضی اللہ عنہ سے روایت ہے کہ تین شخص رسول اللہ صلی اللہ علیہ وسلم کی عبادت کے متعلق استفسار کرنے کی غرض سے ازواجِ مطہراتؓ کی خدمت میں حاضر ہوئے۔ اندرونِ خانہ آپؐ کی عبادت کی تفصیلات یہ بتائی گئیں کہ آپؐ رات کو سوتے بھی ہیں، حاجت بھی پوری کرتے ہیں اور تہجد کی نماز بھی پڑھتے ہیں، ہر مہینہ روزے بھی رکھتے ہیں اور نہیں بھی رکھتے، ان تینوں نے عبادت کی اس مقدار کو بہت کم سمجھا اور کہا کہ ہمیں رسول اللہ سے کیا نسبت، ان کی اگلی اور پچھلی تمام لغزشیں معاف کر دی گئی ہیں اور ہم تو سراپا گناہ گار ہیں، ہمیں تو اپنی پوری زندگی عبادت کے لیے وقف کر دینا چاہیے، چنانچہ ان میں سے ایک نے کہا: میں تو ہمیشہ پوری رات نماز پڑھا کروں گا اور سونا ترک کر دوں گا۔ دوسرے نے کہا: میں ہمیشہ دن کو روزہ رکھوں گا۔ تیسرے نے کہا میں عمر بھر عورتوں سے الگ رہوں گا اور کبھی شادی نہ کروں گا۔

اتنے میں رسول اللہ صلی اللہ علیہ وسلم تشریف لے آئے، جب آپ کو ان کی باتوں کا علم ہوا تو فرمایا کہ کیا تم لوگوں نے ایسا ایسا کہا ہے، سن لو، خدا کی قسم میں تم سے بدرجہا زیادہ خدا سے ڈرتا ہوں اس کے باوجود میں دن میں کبھی روزے بھی رکھتا ہوں اور کبھی افطار بھی کرتا ہوں، رات میں سوتا بھی ہوں اور عبادت بھی کرتا ہوں اور عورتوں سے شادی بھی کی ہے جن سے حاجت بھی پوری کرتا ہوں۔ پس جس نے میری سنت اور طریقے سے اعراض کیا اس کا مجھ سے کوئی تعلق نہیں۔ (ریاض الصالحین:۷۸)

غور کیا جائے تو سرکار دو عالم صلی اللہ علیہ وسلم نے ان مختصر الفاظ میں اعتدال اور توازن کا بڑا سبق دیا ہے۔ ارشاد نبوی کا مقصد یہ تھا کہ تم انسان ہو اور انسان کی فطرت خلقی طور پر ایسی واقع ہوئی ہے کہ وہ اچھی سے اچھی چیز سے کچھ عرصہ کے بعد اکتا جاتا ہے اور بیزار ہو کر چھوڑ بیٹھتا ہے، ایسا نہ ہو کہ یہ عبادت و طاعت کا جذبہ اور ذوق و شوق جو تم کو نصیب ہوا ہے تمہارے غلط طریقے پر استعمال کرنے کی وجہ سے بالکل ہی ختم ہو جائے یا اس میں کچھ فتور آجائے اور تم کو جو اجر و ثواب مل رہا تھا اس سے محروم ہو جاؤ، اس لیے دیگر شعبہ ہائے زندگی کی طرح عبادت میں بھی اور ذکر و اذکار میں بھی نہایت اعتدال اور میانہ روی سے کام لو اور رفتہ رفتہ اس طرح اعتدال کے ساتھ چلو کہ جو قدم اٹھے آگے بڑھے، پیچھے نہ ہٹے تاکہ مرتے دم تک یہ عبادت و اطاعت کا سلسلہ قائم رہے اور اجر و ثواب ملتا رہے۔

ایک آدمی کو خوش گوار زندگی گزارنے کے لیے خرچ کرنے میں بھی اعتدال سے کام لینا چاہیے۔ کھانا، کپڑا، مکان اور دیگر ضروریات زندگی میں اعتدال نہ رہے تو کچھ دنوں کے بعد فقیری گھیر لیتی ہے۔ پہلے سامان کی خریداری میں تنوع تھا مگر اب ضرورت کے بقدر بھی سامان میسر نہ ہوگا اور مجبوراً محتاجگی کی زندگی بسر کرنی ہوگی۔ اس لیے آپؐ

نے خرچ کرنے میں بے اعتدالی کو ناپسند کیا اور امت کو یہ سنہرا پیغام دیا "ولا عال من اقتصد۔ جس نے خرچ میں میانہ روی اختیار کی وہ فقیر و محتاج نہیں بنا" (طبرانی:۶۸۱۶)

اللہ کے راستے میں خرچ کرنا بلاشبہ ایک محبوب عمل ہے مگر وہاں بھی اعتدال اور توازن برقرار رکھنے کا حکم دیا گیا ہے، سورۂ بنی اسرائیل آیت ۲۹ میں اس بات کی تاکید کی گئی ہے کہ نہ تو اپنا ہاتھ بالکل سمیٹ لو اور انتہائی بخل سے کام لو کہ ضرورت پڑنے پر بھی خرچ نہ کیا جائے اور نہ اتنی سخاوت سے کام لینا چاہیے کہ خود وہ محتاج اور تہی دست ہو جائے۔ آج کسی کے فقر و احتیاج پر اتنا اثر لیا کہ سارا مال اس پر قربان کر دیا اور جب کل خود اس کو ضرورت پیش آئی تو دوسروں کے سامنے ہاتھ پھیلا رہا ہے۔ خرچ کی یہ بد نظمی اللہ کو پسند نہیں ہے، یہاں بھی میانہ روی کا خیال رکھنا چاہیے۔

اسی طرح نماز میں قرات کرتے ہوئے متوسط آواز رکھنے کا حکم دیا گیا ہے۔ نہ بہت زیادہ بلند کہ مشرکین اور مخالفین سنیں اور بکواس کریں اور خود کا بھی خشوع متاثر ہو اور نہ بہت آہستہ کہ مقتدیوں کو بھی نہ سنائی دے۔ یعنی ضرورت کے لحاظ سے آواز میں کمی اور زیادتی کرنی چاہیے۔ ارشادِ خداوندی ہے: وَلَا تَجْهَرْ بِصَلَاتِكَ وَلَا تُخَافِتْ بِهَا وَابْتَغِ بَيْنَ ذٰلِكَ سَبِيْلًا (بنی اسرائیل: ۱۱۰) "اور اپنی جہری نمازیں نہ تو بہت پکار کر پڑھیے اور نہ ہی بالکل آہستہ پڑھیے اور دونوں کے درمیان ایک متوسط طریقہ اختیار کر لیجیے۔" بظاہر تو یہ حکم نماز کے بارے میں ہے لیکن درس و تدریس، بیان و خطابت اور عام بول چال میں بھی یہی طریقہ اپنانا چاہیے۔ اس طرح بولنے والے کو تھکاوٹ ہوتی ہے نہ سننے والے بیزار ہوتے ہیں۔ معتدل آواز حسین اور بہتر معلوم ہوتی ہے اور سامعین پر اس کا اثر برقرار رہتا ہے۔

ہماری چال ڈھال کیسی ہو، اس کے بارے میں حضرت لقمانؑ کے نصائح میں ارشاد ہے واقصد فی مشیک یعنی اپنی چال میں میانہ روی اختیار کرو، نہ بہت دوڑ بھاگ کر چلو کہ

وہ وقار، متانت اور سنجیدگی کے خلاف ہے، حدیث میں ہے کہ چلنے میں بہت جلدی کرنا مؤمن کی رونق کو ضائع کر دیتا ہے۔ (قرطبی:۴۸/۱۴) اور اس طرح چلنے سے خود اپنے آپ کو یا دوسروں کو تکلیف بھی پہنچ سکتی ہے اور بہت آہستہ بھی نہ چلو جو تکبر اور تصنع کرنے والوں کی عادت ہے۔ بہت آہستہ چلنا عورتوں کی عادت ہے جو شرم وحیا کی وجہ سے تیز نہیں چلتیں یا پھر بیماروں کا طریقہ ہے جو اس پر مجبور رہے۔

چال میں افراط و تفریط کی دونوں قسموں سے منع کیا گیا اور عام حالات میں چال چلن کو بھی معتدل رکھنے کا حکم دیا گیا ہے۔ یہ طرز معاشرت یقیناً انسانی فلاح و بہبود کا ضامن ہے، کاش! اسے اپنی زندگی میں بسالیا جائے اور اسلامی چال ڈھال امت میں رواج پا جائے۔

یہی حکم عقیدت و محبت، دوستی اور دشمنی کا ہے، محبت اور بغض کا تعلق جذبات سے ہے اور جذبات میں اعتدال پیدا کرنا بہت مشکل کام ہے، اس لیے آپؐ نے خاص طور پر تاکید فرمائی کہ اپنے محبوب سے ہلکی محبت رکھا کرو ممکن ہے کہ وہ کسی دن تمہارا ناپسندیدہ شخص بن جائے اور اپنے مبغوض سے معمولی نفرت کرو، ممکن ہے وہ کسی دن تمہارا محبوب اور دوست بن جائے۔ (ترمذی)

دوستی اور دشمنی پائیدار نہیں ہوتی، آج کسی سے دوستی، تعلق اور محبت ہے، ہو سکتا ہے کہ وہ کسی بھی وجہ سے دشمن ہو جائے، ایسا نہ ہو کہ دوستی اور محبت میں زندگی، گھر بار، تجارت و معاملات اور دیگر امور کے تمام راز فاش کر دے اس لیے کہ اس سے جب کبھی دشمنی ہو گی تو وہ تمہارے راز کی باتوں سے واقف ہونے کے سبب نقصان پہنچائے گا اور وہ نقصان اتنا شدید ہو گا کہ ناواقف افراد سے اس کی امید نہیں کی جاسکتی تھی۔ اس لیے کسی کی دوستی پر ہرگز اعتماد نہ کرنا چاہیے۔ ٹھیک اسی طرح کسی سے دشمنی اور بغض میں حدِّ

اعتدال سے تجاوز نہیں کرنا چاہیے۔ ممکن ہے کسی دن دشمنی دوستی میں بدل جائے۔ دشمنی کے ایام میں عداوت میں کیے گئے امور و افعال جب یاد آئیں گے تو شرم محسوس ہوگی اور دل میں خیال پیدا ہوگا کہ کاش! وہ کام نہ کیے ہوتے تو زیادہ بہتر ہوتا۔ جنگ صفین میں دونوں طرف لاشیں گر رہی تھیں دوران جنگ حضرت علیؓ سے پوچھا گیا کہ ہمارے جو ساتھی جنگ میں کام آرہے ہیں ان کا کیا حکم ہے؟ فرمایا "شہید ہیں" پوچھا گیا۔ ہمارے مقابلے میں جو لوگ مر رہے ہیں، ان کا کیا حکم ہے؟ فرمایا "وہ بھی شہید ہیں" پوچھا گیا، یہ کیسے ہوسکتا ہے؟ فرمانے لگے "دونوں حق کے لیے لڑ رہے ہیں یہ الگ بات ہے کہ وہ جسے حق سمجھ رہے ہیں، ہمارے نزدیک باطل ہے اور ہم جسے حق کہہ رہے ہیں وہ ان کے نزدیک باطل ہے... یہ ہے اعتدال کہ عین لڑائی کے وقت جب کہ انسان جذبات سے مغلوب ہوتا ہے، حضرت علیؓ نے انصاف کی بات کہی اور مخالفین کے بارے میں نازیبا کلمات تو کیا، خلافِ حق بات کہنا بھی گوارا نہ کیا۔

اسلام نے مسلمانوں کو اسی کا درس دیا ہے کہ حالات جنگ کے ہوں یا امن، دوستی ہو یا دشمنی، فراخی ہو یا تنگی، ہر حال میں اعتدال اور حق پر قائم رہنا چاہیے۔ مزاج و مذاق، فکر و سوچ میں اختلاف ہوسکتا ہے، رجحانات الگ الگ ہوسکتے ہیں، خیالات میں بھی لوگ آزاد ہیں لیکن اس کا یہ مطلب نہیں کہ اسے دشمنی اور عداوت کا ایسا رنگ دیا جائے کہ انسانیت کو بھی شرم آنے لگے، خدا اور اس کے رسول صلی اللہ علیہ وسلم کے احکام کو نظر انداز کر دیا جائے اور ایک دوسرے خون کے پیاسے ہوجائیں۔

موجودہ زمانے میں کسی ادارے، کسی تنظیم، کسی جماعت سے تعلق و عقیدت کا یہ عالم ہو جاتا ہے کہ ان کی نظر میں دوسرے کی کوئی خوبی اچھی نہیں لگتی، دوسروں کو غلط اور اپنے کو صحیح سمجھنے کا مزاج بن جاتا ہے، حالانکہ یہ درست نہیں ہے، اسلام کا پیغام تو یہ

ہے کہ عشق و محبت کے سائے میں اور خوف و دہشت کے ماحول میں بھی بغض وعقیدت اور دوستی و دشمنی میں اعتدال قائم رکھا جائے اور کسی مخلوق کی رضامندی کے بجائے ہمیشہ خالق کی رضامندی کا خیال رکھنا چاہیے۔

بلاشبہ حق حق ہے اور باطل باطل ہے، ضرورت ہے کہ مسلمان حق کے علمبردار بنیں اور زندگی کے تمام شعبوں میں اعتدال اور توازن باقی رکھیں کہ افراط و تفریط ہلاکت کے دودہانے ہیں جہاں کامیابی اور سکون کا کوئی تصور نہیں۔

* * *